丛书主编 杨振斌 张希

白〉求〉恩〉精〉神〉研〉究〉丛〉书

主编 石瑛

# 凝练

# 白求恩

吉林大学出版社（长春）

图书在版编目（CIP）数据

凝练白求恩 / 石瑛主编.—长春：吉林大学出版
社，2019.9
　（白求恩精神研究丛书 / 杨振斌，张希总主编）
　ISBN 978-7-5692-5574-4

　Ⅰ.①凝… Ⅱ.①石… Ⅲ.①白求恩(Bethune,
Norman 1890-1939)—人物研究 Ⅳ.①K837.116.2

　中国版本图书馆CIP数据核字(2019)第196041号

书　　　名：白求恩精神研究丛书：凝练白求恩
　　　　　　BAIQIU'EN JINGSHEN YANJIU CONGSHU: NINGLIAN BAIQIU'EN

作　　　者：石　瑛　主编
策划编辑：陶　冉
责任编辑：陶　冉
责任校对：王瑞金
装帧设计：刘　瑜
出版发行：吉林大学出版社
社　　　址：长春市人民大街4059号
邮政编码：130021
发行电话：0431-89580028/29/21
网　　　址：http://www.jlup.com.cn
电子邮箱：jdcbs@jlu.edu.cn
印　　　刷：哈尔滨市石桥印务有限公司
开　　　本：787mm×1092mm　　1/16
印　　　张：11.25
字　　　数：170千字
版　　　次：2019年9月　第1版
印　　　次：2019年9月　第1次
书　　　号：ISBN 978-7-5692-5574-4
定　　　价：135.00元

# 《白求恩精神研究丛书》编委会

## 主 编

杨振斌　张　希

## 副主编

李　凡

## 编　委

（以姓氏笔画为序）

于双成　王　飞　石　瑛　刘信君　华树成

佟成涛　张学文　陈　立　屈英和　赵　伟

赵国庆　席海涛　高继成

# 《凝练白求恩》编委会

## 主　编
石　瑛

## 副主编
王　飞　汪云龙

## 参　编
（以姓氏笔画为序）

王　玉　任　源　刘春娇　邢兆华

何金艳　李雨航　殷美玲　贾永腾

# 总序1

今年是伟大的国际共产主义战士亨利·诺尔曼·白求恩逝世80周年，也是毛泽东主席发表《纪念白求恩》80周年，同时还是白求恩卫生学校（现在的吉林大学白求恩医学部、中国人民解放军陆军军医大学白求恩医务士官学校、中国人民解放军白求恩国际和平医院）成立80周年。值此三个重要80周年纪念日即将来临之际，吉林大学白求恩精神研究中心成立以来的首批科研成果——"白求恩精神研究丛书"即将出版。

80年前，毛泽东主席指出，白求恩精神就是国际主义精神、共产主义精神，他的毫不利己、专门利人的精神，具体表现为对工作的极端负责、对同志和人民的极端热忱、对技术的精益求精。它虽然诞生于救死扶伤的烽火前线，但时至今日仍是中国乃至全世界卫生工作者的宝贵精神财富，是我们一代又一代的医务工作者应该努力学习和践行的优秀品质。特别是中国特色社会主义进入了新时代，如何学习、传承、弘扬无私利人的白求恩精神，使它在新时代医疗卫生教育战线乃至全国各行各业发挥不可替代的作用，更好地推动社会主义核心价值观的发展，推动人类命运共同体的建设，是一个重大的课题。

2016—2018年暑期，中国白求恩精神研究会参加了吉林大学师生"重走白求恩路"的活动，很受感动，备受鼓舞。以杨振斌书记为首的吉林大学非常重视挖掘白求恩精神这一宝贵资源，积极传承和弘扬白求恩精神，把白求恩精神嵌入校园文化中，成为吉大文化的重要组成部分，这对于新时代医学人才培养有着重要意义。我们也欣喜地看到了白求恩精神在吉林大学的青年学子中生根发芽，并结出了累累硕果，白求恩志愿者被评为全国最美志愿者，更是被李克强总理誉为"世界因为你们而精彩"。

　　2017年，吉林大学依托丰富的学科优势和雄厚的学术力量在全国高校率先成立了"吉林大学白求恩精神研究中心"。"中心"的成立既填补了我国高校在这一领域研究的空白，也是对高等医学教育事业和高校思想政治工作进行的有益探索和积极实践，具有很强的政治性与针对性。我们携手并肩大力推进"白求恩精神"研究的理论创新和实践创新，开创"白求恩精神"研究新局面。"中心"的首批研究成果——《寻根白求恩》《践行白求恩》《志愿白求恩》《文化白求恩》《育人白求恩》《凝练白求恩》系列丛书的出版，必将从不同维度、多个角度诠释一个可信、可敬、可学的不曾远去的国际主义英雄战士以及展示老白校的传人们传承、践行、弘扬白求恩精神的优秀事迹，从而让注入新时代内涵的白求恩精神成为实现健康中国建设的重要力量，成为中华民族伟大复兴的中国梦的重要组成部分。

袁永林

中国白求恩精神研究会会长
2019年6月

# 总序2

诺尔曼·白求恩是伟大的国际主义战士，中国人民永远的朋友。在那片烽火硝烟的战场上，他留下了一个个感人的故事，那段英雄逝去的记忆里，他的精神不灭、永留人间。1939年12月21日，毛泽东同志在延安杨家岭的窑洞里撰写了《纪念白求恩》一文，高度赞扬了白求恩的国际主义精神、共产主义精神、革命的人道主义精神、毫不利己专门利人的精神和对伤员满腔热情对工作精益求精的精神，从而让中国人民铭记住了这位加拿大人的名字，更继承了这份宝贵的精神财富。80年过去了，白求恩精神跨越时代、历久弥新，依然深深镌刻在中国人民的记忆中。

白求恩，一个外国人，却在中国现代史、中国革命史中产生了深远的影响，我们今人每一次向历史的回眸，都是一次思想的启迪、精神的洗礼。人们追忆白求恩，展现在眼前的总是一个忙碌的医生形象。为了纪念这位伟大的医者，中国人民用他的名字命名了他亲自参与创建和从事教学工作的学校，这就是于1939年在河北省唐县牛眼沟村成立的晋察冀军区卫生学校（白求恩医科大学前身）。这所创建于抗日烽火中的学校，几经迁址，数度更名，不变的是白求恩精神的传承，为国家培养了大批医学人才，造就了许多著名的医学专家，取得了丰硕的科研成果。2000年，白求恩医科大学与原吉林大学、吉林工业大学、长春地质学院、长春邮电学院合并组建成新吉林大学，2004年中国人民解放军军需大学并入吉林大学。原吉林大学前身，是抗日战争胜利后，为培养建立巩固的东北革命根据地和迎接新中国诞生所需的革命干部和专业人才而组建的东北行政学院；吉林工业大学前身，是为适应东北工业发展和长春第一汽车制造厂兴建对专门人才的需要而组建的长春汽车拖拉机学院；长春地质学院前身，是中华人民共和国成立之初，为适应国家大规模经济建设需要，培养地质技术干部而建立；长春邮电学院前身，是为支援解放战争，加速恢复与建设东北解放区邮电通信而组建的东北邮电学校；中国人民解放军军需大学是由中国人民解放军兽医大学几经改建而来，其办学历史可追溯到清朝末期开办的北洋马医学堂。至此，六所具有光荣历史的高等学府，文脉相融增色，合并共建生辉。

新吉林大学在老六校光荣的历史积淀和丰富的文化底蕴中，传承了深厚的人文内涵，涵养了独特的精神品质，白求恩精神在这里升华出了新的时代意义，当代白求恩精神熠熠生辉，继续闪烁着真理的光芒。七十多年的办学历史，学校根植于东北沃土，传承赓续了"'红白黄'三源色精神"的血脉。红，是不忘初心、牢记使命的红色革命精神；白，是毛泽东同志概括总结的白求恩精神；黄，是习近平总书记对黄大年同志先进事迹重要指示强调的"心有大我、至诚报国"的黄大年精神。这三种颜色所代表的是吉大精神的源泉和动力，它们凝结着两代领导人的殷切期望，汇聚交融，一脉相承。教育部部长陈宝生在视察吉林大学时强调："学习黄大年同志先进事迹、学习习近平总书记重要指示要和学习白求恩精神结合起来。这两大典型、两面旗帜构成了吉林大学的精神支柱和办学灵魂，也是吉林大学的宝贵财富。"这份财富属于吉林大学，也属于整个中华民族，既体现了吉大师生为天地立心、为生民立命、为往圣继绝学、为万世开太平的精神坐标，也承载了吉林大学立德树人、培养德智体美劳全面发展的社会主义建设者和接班人的使命担当。

战火硝烟中挺立不屈的灵魂，是树立信仰、信念、信心最好的精神食粮。2017年学校成立了吉林大学白求恩精神研究中心，着手创作白求恩精神研究系列丛书六部，分别是《寻根白求恩》《践行白求恩》《志愿白求恩》《文化白求恩》《育人白求恩》和《凝练白求恩》。两年多的时间里，丛书的编者们通过文献研究、人物访谈、实地采风等多种形式，对白求恩同志的事迹和白求恩精神做了系统的整理、研究和编撰。河北太行山、山西五台山、陕西延安、湖北武汉、加拿大的格雷文赫斯特市，丛书的编者们沿着白求恩生活、工作、战斗走过的足迹，收集白求恩的故事、感受其精神的伟大。相信这套丛书的出版，能还原一位真实可信的白求恩，凝练一位真诚高尚的白求恩，为新时代的医学学子、医疗卫生工作者乃至全国各行各业的劳动者树立一个可爱、可信、可学、能学的精神榜样和灯塔。

"一个人的能力有大小，但只要有这点精神，就是一个高尚的人，一个纯粹的人，一个有道德的人，一个脱离了低级趣味的人，一个有益于人民的人。"白求恩是这样的人，黄大年是这样的人，实现中华民族伟大复兴的中国梦需要千千万万这样的人。每一代人有每一代人的长征路，每一代人都要走好自己的长征路。不同的年代，同样的激情，作为当代中国人，我们是幸运的，我们有机会在新时代的历史方位中大展宏图、实现梦想，这是历史赋予我们的神圣使命，更是时代交予我们的责任担当。或许我们手中没有白求恩的手术刀，也没有黄大年的地质锤，但我们的心中同样涌动着奋斗的热血，这热血铸就了中华民族的魂，扎实了中华民族的根，这热血将在一代代中华儿女的血管中奔流不息，汇聚磅礴之力、创造美好未来！

吉林大学党委书记

2019年2月

# 目 录

CONTENTS

# 第一章　白求恩精神原初的历史样态

## 第一节　白求恩精神形成的历史元素

### 一、实践维度：世界反法西斯战争与中国抗日战争的历史推进

　　1929至1933年的世界范围内的经济危机，使资本主义世界的矛盾激化。德、意、日为转移国内矛盾与经济危机，实行对内独裁、对外侵略的战略，欲把法西斯制度推行于全世界。1935年德国法西斯吞并萨尔区，一年后军队开进不准设防的莱茵河区。1935年意大利法西斯侵占埃塞俄比亚，1936年德意协助以佛朗哥为首的反革命势力武装进攻西班牙民主政权，日本帝国主义则在1931年发动九一八事变，侵占中国东北三省，并蓄意把战争推进华北。为了把在亚欧非燃起的侵略战争在更大的范围内燃烧，1936年底，以德国为核心的德意日法西斯轴心侵略国集团形成。1937年7月，日本挑起卢沟桥事变，发动了全面侵华战争。1938年3月，德国吞并奥地利，随后在9月突袭波兰，第二次世界大战全面爆发。法西斯的侵略战争给整个人类生存造成严重威胁，法西斯战争的非正义性与残暴性遭到了全世界热爱和平的人们的共同抵抗，联合起来打败法西斯侵略成为世界各国人民的共识，这一共识超越国界，超越民族。中华民族在这种国际形势下进行的民族解放战争，并不是孤立的，它一开始即属于世界反法西斯战争的一个重要组成部分，得到了国际反法西斯国家和人民的广泛同情和支持。

　　面对日本帝国主义的野蛮侵略，为挽救民族危亡，国共两党停止内战，一致对外，实现了第二次合作，形成抗日民族统一战线，中国的抗日战争进入全国

性抗战新时期。由于敌我军事力量的悬殊和国民党战略指导方针的失误，从1937年7月卢沟桥事变到1938年10月，广州、武汉相继失守，中国的抗战进入战略相持阶段。在正面战场，除台儿庄战役外，其他战役几乎都以失败而告终，中国的抗战形势十分严峻。相持阶段到来之后，抗战时局发生了巨大变化，日本对国民政府采取政治诱降为主、军事打击为辅的方针，集中主要兵力攻打敌后战场。国民党对内对外政策发生重大变化，开始推行消极抗日、积极反共的政策，先后两次发动反共高潮，团结抗战的局面发生严重危机，在中华民族救亡图存的关键时刻，迫切需要国内团结与国际援助。

1938年3月，蒋介石的国民党军队从各条战线上撤退，共产党领导的部队不断潜入敌占区组织动员人民进行长期抗战。正值中华民族面临严重灾难之时，白求恩怀揣着一个国际共产主义战士的满腔热情，远渡重洋，奔赴中国，支援中国的民族解放战争。他面对国民党的诱惑和阻挠，断然拒绝留在国统区，而是冲破重重阻挠，来到延安。抵达延安后他便郑重请求到抗日前线去。在晋察冀抗日根据地的一年多时间里，白求恩被共产党领导的抗日根据地"又简单，又深刻"的共产主义生活方式感动不已，更加坚信了他的共产主义信仰。他被中国共产党及其领导的广大军民热爱祖国、反抗侵略的斗争精神和团结互助，无私无畏的崇高品德所感染，他曾说："我曾经参加过一战，也参加过西班牙战争，然而像中国军队这种勇敢的精神，我在世界上还未曾发现过。"[①]在根据地条件极其艰苦、医用药品极其匮乏的情况下，他积极前往战地治疗，救助大批反法西斯战士。他指导根据地军民创办卫生学校，培养大批医务人员，编写多种战地教材。在华北山区艰苦的战斗经历进一步锤炼了白求恩，使他懂得了如何使自己成为一个更高明的外科专家，成为一个不屈不挠的反法西斯战士，成为一个更加坚强的共产党员。他那深厚的国际主义感情，在平凡的日常工作、生活中得到了进一步的加强和深化。1939年11月12日，伟大的革命人道主义者、国际主义者、共产主义战士白求恩因给伤员做手术时被细菌感染转为败血症，医治无效后逝世，长眠于中华大地。他虽在中国仅一年多时间，却为世界反法西斯斗争、为中国人民的抗日战争、为中国的医疗事业做出了卓越的贡献，为处于反法西斯战争前线、抗日前线的中国军民留下了宝贵的精神财富。解放区军民通过吊唁、开追悼会、出版纪

---

① 王健. 论白求恩精神及其时代价值[J]. 世纪桥, 2010（24）: 19—24.

念册等活动沉痛追悼白求恩。1939年12月21日，毛泽东撰写了《纪念白求恩》一文，把白求恩精神概括为国际主义精神，毫不利己、专门利人的共产主义精神，表现为对工作极端负责、对同志对人民极端热忱、对技术精益求精。其后，吕正操、叶青山、饶正锡、钱信忠、朱德等人也先后发文高度颂扬白求恩精神。白求恩精神为中国军民全面抗战走向胜利带来了极大的精神鼓舞，同时也表明了中国共产党欢迎和愿意接受世界各国人民国际援助的鲜明政治态度。

可见，白求恩精神形成于世界反法西斯战争和中国抗日战争的革命实践，并在革命的洗礼中得以锤炼与发展。

## 二、理论维度：列宁世界革命理论和路线与马克思主义中国化的历史进程

马克思主义是无产阶级争取自身解放和整个人类解放的科学理论。从狭义上讲，它是马克思恩格斯在19世纪工人运动实践基础上创立的理论体系；从广义上说，还包括各国继承者对它的发展。中国共产党自成立之日起，就明确把马克思主义确定为指导思想，并在运用马克思主义解决中国实际问题中取得重大成果：从党的一大到四大，先后提出了党的奋斗目标、民主革命时期的纲领、建立革命统一战线、坚持无产阶级领导权和农民同盟军等思想；土地革命时期，党领导人民创建工农红军、建立农村革命根据地与工农政权，这些都是马克思主义与中国实际相结合产生的成果。当然，在探索马克思主义中国化的过程中，也走了一些弯路，如党内出现的"左"、右倾错误，把马克思主义教条化，把共产国际决议和苏联经验神圣化，使中国革命遭受严重挫折，几乎陷入绝境。1938年10月，毛泽东在中共六届六中全会上，首次提出了马克思主义中国化的命题，他指出"离开中国特点来谈马克思主义，只是抽象的空洞的马克思主义。因此，马克思主义的中国化，使之在每一表现中带着必须有的中国的特性，即是说，按照中国的特点去应用它，成为全党亟待了解并接待解决的问题。"[①]简而言之，即将马克思主义的基本原理和中国革命与建设的实际情况相结合，从而得出适合中国国情的社会主义革命和建设道路。白求恩精神是白求恩在世界反法西斯战争和中国民族解放的革命实践中留下的精神财富，它是在马克思主义中国化的过程中产

① 毛泽东选集（第2卷）[M].北京：人民出版社，1991：534.

生的，是中国化马克思主义的重要组成部分，为推动中国社会向前发展提供了重大的理论价值与实践价值。

白求恩身上所折射的共产主义精神、国际主义精神、毫不利己专门利人的精神，正是马克思主义的题中应有之义。马克思、恩格斯指出，无产阶级获得解放的首要条件是"全世界的无产者联合起来……联合的行动，至少是各文明国家的联合的行动"①，同时，他们指出："共产党人强调和坚持整个无产阶级共同的不分民族的利益……共产党人始终代表整个运动的利益。"②列宁继承和发展了马克思、恩格斯关于世界革命的理论，指出只有全世界无产者和被压迫民族联合起来，才能保证革命的胜利；同时，他还强调必须坚持无产阶级的国际主义，即一个国家的无产阶级革命斗争应当服从全世界无产阶级革命斗争的利益，同时各个国家的无产阶级解放运动要相互拥护、相互支持。马列主义关于世界革命的理论对于促进和加强世界无产阶级与被压迫民族的联合，推动各国革命运动具有重大的指导意义。白求恩作为加拿大的共产党员，他不仅是共产主义、国际主义的信仰者和坚守者，更是坚定的践行者。

1938年3月，国际主义战士白求恩大夫怀揣着革命激情来到延安，支援中国的抗日战争。在条件艰苦的抗日根据地，他把中国人民的民族解放事业当作自己的事业，胸怀革命理想，心系抗日军民，肩负医疗重担，一直坚守在自己的工作岗位上，兢兢业业，无私奉献，直至为共产主义革命事业、为中国的民族解放事业献出了宝贵的生命。白求恩在华支援的600多个日夜，鲜明地印证了他的国际主义精神、为共产主义革命事业献身的精神、为理想奋斗终身的决心和毅力。毛泽东在《纪念白求恩》一文中，高度评价了白求恩同志为中国革命事业所做出的巨大牺牲，并发出全党向白求恩同志学习的呼吁，对于根据地出现的狭隘的民族主义与爱国主义、对工作不负责任、脱离群众、鄙薄技术的人进行了一场思想的洗礼。白求恩所展现出的坚定的共产主义信仰和国际主义精神，指引着中国人民发扬爱国主义精神，义无反顾、坚持抗日，实现民族解放与独立。可见，白求恩精神的形成离不开马列主义的精神滋养，也离不开中国抗日革命实践的历练，它是中国共产党人把马克思主义运用于中国实践的理论成果，是马克思主义中国化

---

历史演进的产物。

### 三、逻辑维度：国际先进无产阶级思想与白求恩个人特质的历史融合

1890年3月3日，白求恩出生于加拿大的一个牧师家庭，父亲为牧师，祖父为医生。白求恩童年时期就很勇敢、爱冒险，对周遭事物具有强烈的好奇心。他十分敬仰他的祖父，祖父对医学事业的严谨态度和顽强探索的精神，对童年的白求恩影响颇深，他以祖父为榜样，立志成为一名优秀医生。父母是基督教徒，使白求恩在虔诚的家庭信仰中，慢慢地具备仁慈的天性和对生活无比热爱的激情。中学时代，为减轻家庭沉重的经济负担，白求恩通过做招待员、轮船烧火工、乡村小学教师等，以勤工俭学的方式就读。在这期间，他结识了许多生活在社会最底层的工人群众，与他们产生了共鸣，并在心中萌生了为广大劳苦大众服务的信念。可见，青少年的白求恩已初步显露其独立、激情、勇敢、热爱科学、追求正义的性格特征，为其追寻人生信仰、投身人类解放事业准备了条件。

1914年，第一次世界大战爆发，白求恩应征参加加拿大远征医疗队，满心欢喜地想去践行作为医者的人道主义梦想。然而，战争的经历让他开始认识到帝国主义腐朽的本质。一战后，他一度留在英国学习深造，1928年初到皇家维多利亚医院，担任加拿大胸外科开拓者爱德华·阿奇博尔德医生的第一助手。由于在医学上的突出成就，白求恩曾先后被聘为加拿大联邦和地方政府卫生部门的顾问、美国胸外科学会会员与理事。白求恩不仅医术高明，而且从医期间发明创造出多项医术成果，这使他成为国际上公认的具有外科权威和奉献精神的医生。多年的医学实践不仅使白求恩在医术上精益求精，也使他对医学人道主义有了本质上的理解，他深刻地认识到，"最需要医药的人，正是最付不起医药费的人"[①]，仅凭借精湛的医学技术、崇高的敬业精神并不能从根本上解决造成疾病大量发生与流行的根源——贫困。于是，他从医学人道主义的角度，看出了资本主义制度的不人道，非常痛恨由此所衍生的不合理的医疗制度，他深刻地认识到，如果"不改变这种制度，医生要献身于人民的健康事业，不可能"[②]。为探

---

[①] 王健. 论白求恩精神及其时代价值[J]. 世纪桥, 2010（24）：19—24.

[②] 王健. 论白求恩精神及其时代价值[J]. 世纪桥, 2010（24）：19—24.

求问题的答案，他大量地阅读了马克思相关著作，同时还经常参加工会活动，在理论与实践的指引下，他被国际无产阶级的先进思想所深深吸引，他也认识到什么是社会主义，什么是共产主义，什么是工人阶级的历史使命，这都激发了他与工人阶级并肩作战的激情，而1935年8月的苏联之行则直接促成了白求恩人生价值观的转变。苏联国际生理学研讨会期间，在对苏联实地考察的基础上，他被这个新生的社会主义国家深深吸引，他惊叹于苏联十月革命以来取得的辉煌成就，惊叹于苏联先进的社会主义制度对人民医疗事业的巨大促进，他看到了医疗工作者奉献自身的真正出路。回国后，他积极宣扬马克思主义的科学性、社会主义制度的先进性，并郑重宣布："我信仰马克思主义，并决定为这个伟大的信仰斗争到革命的最后一刻。"1935年11月，白求恩加入加拿大共产党，此时，他已成为马克思主义的坚定信仰者，以无产阶级的先进思想武装自身，把自己的命运与无产阶级革命紧密联系在一起，把自己热爱的医学事业毫无保留地投入到无产阶级革命事业中，以解放全人类为己任，为共产主义奋斗终身。怀揣着共产主义革命理想信念，他先后支援西班牙和中国的反法西斯战争。1937年，中国抗日战争全面爆发，白求恩主动请求组建医疗队到中国北部支援。1938年3月，他冲破敌人重重阻挠，来到革命圣地延安，为中国的民族解放运动注入了新鲜血液。在根据地艰苦的环境下，白求恩大夫恪尽职守、兢兢业业，为根据地改进医疗技术、建立模范医院、培训医疗工作者。他心系抗日军民生命安危，对工作极度负责、在技术上精益求精，把他的革命激情与热血全部洒向中国这片热土，为中国的革命事业做出了巨大的牺牲，为抗日军民留下宝贵的精神财富。他所展现的国际主义精神、共产主义精神、毫不利己专门利人、技术上精益求精的精神正是国际无产阶级先进思想的集中体现。可见，白求恩精神的形成是国际无产阶级先进思想和白求恩个人特质的历史融合。

## 第二节　白求恩精神原初内涵的多维解析

1939年11月12日，伟大的革命人道主义者、国际主义者、共产主义战士白求恩长眠于中国大地。1939年11月21日，中共中央发出唁电，高度肯定了白求恩同志为世界无产阶级解放斗争、为中国革命解放斗争、为医疗事业的发展做出了卓越的贡献，并指出"其牺牲精神，其工作热忱，其责任心均称模范"[①]；1939年12月1日，延安各界为白求恩举行隆重的追悼会，毛泽东亲笔写下挽词"学习白求恩同志的国际精神，学习他的牺牲精神、责任心和工作热忱"；1939年12月21日，毛泽东发表《学习白求恩》一文，文中写道，"一个外国人，毫无利己的动机，把中国的解放事业当作自己的事业，这是什么精神？这是国际主义的精神，这是共产主义的精神……白求恩毫不利己专门利人的精神，表现为他对工作极端的负责任，对同志对人民的极端的热忱……白求恩同志是个医生，他以医疗为职业，对技术精益求精……"[②]。这是毛主席对白求恩精神的概括，也是关于白求恩精神初始内涵的首次全面阐释。此后，一些领导同志也发文对白求恩的精神做出高度评价。1940年1月4日，吕正操发表《纪念白求恩大夫》一文，文中写道，"他具有极高的医术，具有最高度的创造力，具有强烈的同情心和崇高的正义感，具有顽强彻底的工作作风和无比的工作热情"[③]；1940年3月，饶正锡著文《接受白求恩同志给我们留下的宝贵遗产》，倡导学习白求恩"优良的技术，工作风度、工作的热忱与责任心、耐心的教育精神以及医疗工作中创新的组织形式与工作方法、科学艺术的工作报告与统计"[④]；1942年11月，朱德在《解放日报》发表《纪念白求恩同志》一文，文中高度颂扬了白求恩同志的共产主义国际主义精神、对工作的无限责任心、对人民的无限热忱以及实事求是的作风。

关于白求恩精神的原初内涵，学术界也进行了多维的阐释，虽表述差异，但基本上延续了延安时期毛泽东、朱德、吕正操、饶正锡等对白求恩精神的解读。通过对延安时期史料及现今学术成果的考察，白求恩精神的初始样态已逐步呈现出来：坚定的共产主义信仰、国际主义精神、毫不利己专门利人的精神、爱岗敬业精益求精的精神。

---

① 中共中央吊唁白求恩. 原北京军区档案馆, 1939.
② 毛泽东选集（第2卷）[M], 北京; 人民出版社, 1991.
③ 吕正操. 纪念白求恩大夫[J]. 抗敌三日刊, 1940, 1.
④ 饶正锡. 接受白求恩同志给我们留下的宝贵遗产[J]. 国防卫生（1卷2期）, 1940, 3.

## 一、坚定的共产主义信仰是白求恩精神的政治灵魂

信仰是人们的一种高级的精神活动，是人们精神上的寄托，是从事实践活动的行动指南。共产党人把共产主义作为自己的政治信仰，共产主义学说是马克思和恩格斯创立的无产阶级的思想体系，是人类历史最进步、最革命的科学学说。这一学说在正确认识自然界、人类社会、思维发展客观规律的基础上，揭露了资本主义生产方式的固有矛盾，证明了资本主义必然灭亡、社会主义必然胜利这一不可逆转的历史发展趋势，指出了通过阶级斗争和暴力革命在全世界建立共产主义制度的美好前景，集中体现了无产阶级和全人类的长远利益。共产主义信仰体现着无产阶级革命者的向往和追求，是无产阶级革命者强大的精神支柱，集中体现了其为共产主义奋斗终生的理想信念，是无产阶级革命者的行动指南。白求恩不仅是一名享誉中外的外科大夫，而且也是一个以改造世界为己任的共产主义战士，有坚定的共产主义信仰，一生致力于探索信仰、践行信仰，并最终献身信仰。

白求恩不仅医术高明，而且善于站在医学人道主义的视角，去剖析一些社会问题，在此过程中去探寻真理。在多年的行医实践中，白求恩发现，"最需要医疗的人，是最出不起医疗费的人"，在工商业突飞猛进的城市里，竟然有成千上万的底层穷人因付不起医疗费而忍受疾病折磨，直至失去生命，这一幕幕耳闻目睹的现实让他深刻意识到医疗制度的不合理以及医术对救助穷人的局限性。那么，导致医疗制度不合理的根源是什么？为寻找问题的答案，白求恩从社会学的角度去探索疾病的真正原因，因为他意识到这绝不仅仅是医学、经济学的问题。他开始研读大量的进步书籍，接触到了马列经典著作，接受了社会主义和共产主义思想，并积极参加工人协会组织的运动。在理论与实践中，他寻找到人民群众患病却得不到医治的社会根源——资本主义制度的腐朽，以及在此制度下衍生的不合理的医疗制度，并逐步觉悟到，要改变这种不合理的局面，一定首先要改造不合理的社会制度，实现社会主义和共产主义的社会制度。一个恰当的历史机遇，白求恩应邀参加苏联的国际生理学大会，在苏联，他目睹了社会主义制度的生机与活力，以及这种制度对医疗事业的巨大促进，这更加坚定了他对共产主义的信仰。在法西斯分子狂妄叫嚣"铲除共产主义"的罪恶声中，白求恩毅然加入

加拿大共产党，成为一名无产阶级先锋战士。此时，他既是一位医生，也成为一个有着坚定的共产主义信仰的革命战士。

作为一名共产主义战士，白求恩不仅仅是共产主义的信仰者，也是信仰的践行者。他怀揣无产阶级革命理想与信念，积极参与世界反法西斯斗争。当时在德国和意大利的支持下，佛朗哥领导的国民军在西班牙燃起战火，他带着医疗队到马德里战场；当日本法西斯发动全面侵华战争，他又到中国抗日前线从事医疗工作。在与帝国主义这个凶恶敌人的斗争中，白求恩清楚地认识到，无产阶级如果不解放一切劳动人民、解放全人类，就不能解放自己，也深切体会到一个共产主义者对人类解放应尽的责任。他曾在公共场合说："我虽然是个医生，可是，我不能做一个不知道政治的手工匠"①，但他又绝不空谈政治，而是把自己的政治信仰凝聚在他的手术刀里，在硝烟滚滚的战场上，以手术刀为工具，救死扶伤，以手术刀为武器，向敌人作英勇战斗。1938年，白求恩放弃优越的工作与生活，远渡重洋来到战火纷飞的中国战场，支援中国的民族解放战争。来华后，他首先对根据地简单的共产主义生活方式激动不已，他曾在日记中这样写道："能和这样一些以共产主义的生活方式的同志们生活在一起，工作在一起，是我毕生最大的幸福。"②白求恩意味深长地说，"我们来到中国不仅是为了你们，也是为了我们……我们努力奋斗的共产主义事业，是不分民族、没有国界的"，"我们今天所做的一切，都不能忘记实现共产主义这个伟大的目标，我们的眼界要看的远些"③。援华期间，他不顾个人安危，长期奔波在抗日前线，对伤员进行战地治疗。同时，他呕心沥血，帮助根据地建立模范医院、改进医疗技术、培养医护人员、编写医学教材等，为我国的民族解放运动和医疗事业发展做出巨大的贡献。

回顾白求恩的一生，他实现了由一个资产阶级知识分子到一个国际共产主义战士的彻底蜕变。他坚持真理，勇于探索，最终找到了共产主义，尽管这条道路是曲折的、艰苦的，而他却不畏艰苦，义无反顾，以改造世界为己任，一生致力于世界民族解放运动，直至生命最后一刻。白求恩这种坚定的共产主义革命信念，是白求恩精神的政治灵魂，激励着无数共产党员为实现共产主

⑨

---

① 王健. 论白求恩精神及其时代价值[J]. 世纪桥，2010（24）：19—24.

② 白求恩. 白求恩日记[J]//青少年日记（小学生版），2013（05）：24.

③ 陈新亮，王英. 论白求恩精神对当代大学生的育人价值[J]. 学周刊，2014（15）：10—12.

义而奋斗终生。

## 二、国际主义精神是白求恩精神的精髓

如果说共产主义是全世界各国无产阶级的共同奋斗目标，那么，国际主义则是目标实现过程中所要坚持的重要原则，只有坚持国际主义，才能实现共产主义。何谓国际主义？国际主义是国际共产主义的指导原则之一，是一种思想，是国家或团体在对外活动中进行合作的超越国家界限的一种思想理念。"国际主义"一词最早是由马克思和恩格斯提出来的，"工人没有祖国""全世界无产者，联合起来！"这两个著名论断集中体现了国际主义的思想。国际无产阶级团结起来反对国际资本主义，建立无产阶级专政，实现共产主义，这是国际主义的核心内容。列宁较早地提出和使用了"无产阶级国际主义"这一概念，并进一步完善了马克思、恩格斯关于国际主义的思想。列宁进一步指出，资本主义国家的无产阶级要拥护殖民地半殖民地人民的解放斗争，殖民地半殖民地的无产阶级也要拥护资本主义国家无产阶级的解放战争，只有这样，世界革命才能胜利。毛泽东指出："我们要和一切资本主义国家的无产阶级联合起来，要和日本的、英国的、美国的、德国的、意大利的以及一切资本主义国家的无产阶级联合起来，才能打倒帝国主义，解放我们的民族和人民，解放世界的民族和人民。这就是我们的国际主义……"[1]白求恩大夫作为一名国际共产主义战士，深受马列主义的熏陶，在投身无产阶级革命的伟大事业中，始终践行国际主义原则。

1936年，德意志法西斯入侵西班牙，白求恩与西班牙人民并肩作战，共同抵御恐怖的法西斯势力，1937年7月7日，日本全面侵华开始，日本帝国主义在中国的暴行激起世界人民的愤怒，白求恩在西班牙的一次演讲中呐喊："法西斯分子……现在又发动了对几乎占地球上四分之一人口的中国的进犯。……如果让他们这种罪恶政策继续下去，我们就很可怀疑世界上的男女老幼还有什么安全保障。""我拒绝生活在一个制造屠杀和腐败的世界里而不奋起反抗。我拒绝以默认或忽视职责的方式来容忍那些贪得无厌的人向其他人发动战争。……西班牙和中国都是同一场战争中的一部分。我现在到中国去，因为我觉得那儿是需要最

① 毛泽东选集（第2卷）[M]. 北京：人民出版社，1991：659.

迫切的地方，那儿是我最能够发挥作用的地方。"①在他看来，作为一名共产党员，一切反法西斯战场，都是他战斗的岗位，他一切为着病人打算，为着他的阶级弟兄，为着全世界被压迫的人民服务。于是，他在20世纪人类最黑暗的时刻来到东方，来到晋察冀这片革命的热土，支援中国人民的抗战。来华后，他谢绝特殊照顾，立即投身于救死扶伤的战斗中，为了挽救敌后战士的生命，他不仅不顾个人安危，冒着敌人的炮火，在离战地最近的地方实施战地手术，而且当战士急需血液时，他毫不犹豫地献出自己的血液。面对根据地医疗设施薄弱、医疗技术落后的局面，他积极创建模范医院作为培养医护人才的基地，同时亲自编写教材、培训医护人员，把自己的理论知识与实践经验毫无保留地传授给中国同志。在晋察冀军区模范医院开幕典礼上，他说道："你们不要以为奇怪，为什么在三万里以外地球的那一边和你们一样的人要帮助你们。你们和我们都是国际主义者；没有任何种族、肤色、语言、国界能把我们分开。"②并且，他还亲笔写信给美国国际援华委员会，要求他们为中国医疗建设提供资助。可见，他已俨然把中国民族解放的事业当作自己的事业。他积极工作，重病之际仍坚守岗位，直至生命最后一刻。他毫不悲观，愉快而满足地说"死在这里是很有价值的"，这种伟大的国际主义精神是多么感人！

白求恩的国际主义精神，得到了中国共产党人的充分肯定。白求恩逝世后，中共中央发出吊唁，指出"白求恩同志的这种国际主义精神，值得中国共产党全体党员学习，值得中华民国全国人民的尊敬"，在追悼白求恩大会上，毛泽东亲自书写挽词，其重要内容之一是"学习白求恩同志的国际主义精神"，之后，毛泽东撰写《纪念白求恩》一文，在文中具体阐释了国际主义精神的内涵，而且高度肯定了白求恩支援无产阶级革命的国际主义行为，称赞白求恩同志是一个真正的国际主义者，是中国人民反对狭隘民族主义和狭隘爱国主义的典范。白求恩的国际主义精神经中国共产党的大力倡导形成强大的精神力量，给中国的民族解放事业形成了巨大的精神鼓舞，不仅指引着中国军民团结一致，共同御敌，而且也指引着来自国外的仁人志士投入中国的革命，为中国民族解放事业做出重大贡献，可见，白求恩精神不是白求恩一人之精神，它代表着为中国革命和解放

① 段芬果. 陶行知邀请白求恩到中国[J]. 党史博采, 1999 (08)：46.
② 论毫不利己专门利人的共产主义精神[J]. 中国卫生质量管理, 1996 (02)：5—10.

事业做出贡献的国际友人，是国际主义精神的象征。国际主义精神是白求恩精神的精髓，而白求恩精神也成为国际主义精神的特殊符号与象征。

### 三、毫不利己专门利人是白求恩精神的核心

"毫不利己、专门利人"释义为"丝毫不为个人利益着想，一心一意做有利于他人的事情"，它最早出自毛泽东《纪念白求恩》一文，文中这样写道："白求恩同志毫不利己专门利人的精神，表现为他对工作的极端的负责任，对同志对人民的极端的热忱。""每个共产党员要学习他毫无自私自利之心的精神。从这点出发，就可以变为大有利于人民的人。"[①]做一个高尚的人、纯粹的人、有道德的人、脱离了低级趣味的人、有益于人民的人。从此，"毫不利己、专门利人"作为白求恩精神内涵的关键构成，成为中国共产党党员加强自身修养的行为准则与光辉旗帜。回顾白求恩的行医实践和革命经历，我们发现，白求恩是一名伟大的革命人道主义者，用一生践行着为人民服务的理念。

青少年时期白求恩为了减轻家庭的生活压力，做过多种工作，在这期间他结识了许多生活在社会最底层的工人群众，对他们的生活有了直观的了解，在心中萌生了为广大劳苦大众服务的信念。医学上的刻苦钻研和精心付出使白求恩成了享誉世界的外科医生，他身兼多个头衔，是一家医院的胸外科主任、国家健康顾问，还是美国胸外科协会理事会的理事、英国皇家医学会外科协会会员。他在医疗界报酬丰厚，经常用自己的薪金去资助那些看不起病的穷人、病人，为他们建立免费诊疗，并送医送药上门。他批评那些秉承"一切向钱看"价值趋向的医务工作者，极力抨击那些为攫取商业利润而不择手段的医疗行为，强调医疗工作者是人民的公仆，而不是人民的主人，多次指出医生应该抛弃个人利益，"到人民中间去，把医药直接送给贫民，取消挂牌行医，改变整个医疗制度。"[②]多年的行医实践使白求恩深刻意识到患者贫穷的社会根源以及医疗工作者的局限性，而解决贫穷的根本是实现共产主义制度，解放全人类，可见，白求恩是对人道主义有了更深刻的认识。

---

① 毛泽东选集（第2卷）[M]，北京；人民出版社，1991：660.
② 孙忠年，奕忠民. 白求恩伦理思想之研究[J]. 医学与哲学，1990（12）：33—35.

　　1938年1月，白求恩放弃了国内的一切优越条件，率领医疗队来到中国，支援中国的民族解放运动。抵达延安，白求恩就立即提出奔赴前线、进行战地医疗工作的请求。党中央考虑到敌后战场的艰苦，并未马上进行批复。在一次讨论会上，当得知自己需要被特殊照顾时，他义正词严地说："我到前线去是准备吃苦的。八路军医务人员能经受的环境我都可以适应，千万不要给我什么照顾"[①]，"什么咖啡、嫩烤牛肉、冰激凌、软绵的钢丝床，这些东西我早就有了！为了我的理想，我都抛弃了！需要照顾的是伤员，不是我自己！""现在抗战形势紧迫，请你尽快安排我上前线去！"[②]在此期间，毛泽东接见了他，军委最后同意其奔赴前线进行战地治疗。在晋察冀根据地，白求恩与中国军民同甘共苦，他拒绝党中央每月100元的津贴，并对聂荣臻司令员说："我是来支援中国的民族解放战争的，我要钱做什么？我要吃好穿好，就在加拿大不来了！"[③]为了减少伤员的痛苦，他从不顾个人的安危，亲自率领医疗队出入于滚滚硝烟中，对伤员进行就近治疗，及时抢救医治抗日战士，他说："一个革命医生坐在家里等着病人来叩门的时代已经过去了，医生应该跑到病人那里去，而且愈早愈好。"[④]白求恩同志对一切伤病员、一切同志、劳动人民，都表现出了他无限的忠诚热爱，他无条件地帮助他们，平等地看待他们中的任何人，体贴关心，无微不至。他无私为病人解除痛苦，从不索取什么，也从不接受患者物质上的答谢，他经常说："我们是八路军，为人民服务，不要报酬。"他还经常对身边的医护工作者说："我们的责任是使每个病人快乐，帮助他们恢复健康，增强力量。你必须看他们每一个人都是你的兄弟，你的父亲——因为就真理说，他们比兄弟父亲还要亲切些——他是你的同志。在一切事情当中，要将他们放在最前头，倘若你不把他们看作重于自己，那么你不配从事卫生事业，实在说，也简直不配当八路军。"凡是受过他治疗或看见过他工作的人，莫不为他这种毫不利己专门利人的精神所感动，直至生命的最后一刻，他仍为世界无产阶级民族解放运动而战斗，为捍卫中国抗日军民的健康而战斗。这种精神成为全体中国共产党人和全国人民的行为准则和光辉的旗帜。

① 　冀军梅，侯志宏. 白求恩的故事 [M]，石家庄：河北少年儿童出版社，1996：75.
② 　刘小康. 我所见到的白求恩同志 [M]，南昌：江西人民出版社，1965：6.
③ 　朱德. 纪念白求恩同志[N]. 解放日报，1942年11月13日.
④ 　在晋察冀军区模范医院开幕典礼上的讲话. 1938.

## 四、爱岗敬业精益求精是白求恩精神突出特征

1938年3月，白求恩率领医疗队来到中国晋察冀边区，支援中国的民族解放事业，为中国敌后医疗卫生领域带来了国外战伤外科医疗和护理方面的最新知识和丰富的经验。白求恩对战地输血、战伤手术、休克和出血的急救、输液、止痛、骨折固定、骨髓类的处理等等，都有渊博的知识和成熟的经验。但他从不满足于已有成就，在根据地艰苦的环境下，他一边工作，一边积极从事技术研究，领导抗日军民创建模范医院、改进机械设备、革新医疗技术，用技术来表现他对革命工作的热情，用技术来争取革命的胜利。

白求恩在技术上精益求精，首先表现为他从思想上对技术的高度认知。在晋察冀期间，他经常强调技术对革命事业的重要性，在成立模范医院的庆功会上，他意味深长地说："技术，在日本是掌握在金融资本的独裁者手里，结果，使日本成为全世界的公敌。技术掌握在中国劳动人民的手中，一定会使中国成为一个促进世界和平的巨大力量……我们必须用技术去增进亿万人的幸福，而不是运用技术去增加少数人的财富。""在卫生事业上，运用技术就是学习着用技术去治疗我们受伤的同志……我们要打的敌人是死亡、疾病和残废。技术虽不能战胜所有这些敌人，却能战胜其中的大多数。"他还指出，医生应精通多门技术，"一个外科医生，应该学会木工、铁工的技术，只有这样，才能根据需要改进医疗设备。"同时，他还经常告诫身边的医务人员，"要时常问自己这样一个问题：有更好的办法来代替我们现在正用的办法吗？你要时时不满意自己和自己的工作能力。"①

白求恩不仅从思想上重视技术，而且也擅长理论联系实际，在技术革新上精益求精。来到晋察冀战区不久，白求恩就了解到八路军的战斗特点以及敌后医疗组织的实际情况，立即觉察到把西方正规医院的那套理论与实践方法搬来是行不通的。在了解并掌握抗战规律的基础上，他努力尝试把他的知识经验和根据地的具体情况相结合。为了适应游击战争的恶劣艰苦环境，他根据战争的实际需要，组织战地流动医疗队，亲自拟出医疗器械的携带方法，并就地取材制作这些

---

① 在晋察冀军区模范医院开幕典礼上的讲话. 1938.

治疗的装置。白求恩从老百姓的粪驮子中受到启发，设计出由两头骡子负驮的手提式手术室，取名为"卢沟桥"，一个"卢沟桥"和一副驮筐就能装下做100次手术、换500次药和配制500个处方所用的全部药品和器材，使用起来非常方便。遇到敌情紧急，流动医院在较短时间内就能转移，及时抢救那些分散在游击区的伤员。据统计，1938年11月至1939年2月这4个月期间，他行程1500余千米，做手术315次，建立手术室和包扎所13处，救治了大批伤员；同时，在改建模范医院的过程中，他亲自绘制图样，指导木工做病床，指导锡匠打探针、镊子、钳子，为铁匠详解"托马氏"夹板制作法等；白求恩不仅要求自己对医疗工作精益求精，而且毫不保留地把技术教授给他们。为积极提高医疗人员的技术水平，他发明创造"消毒十三法"，编成讲义，让医务人员严格遵守。在模范医院，他培养了大量医务工作者，对来院学习的同志在技术上严格要求，处处让他们把理论与实践相结合，十分注重他们基本功方面的训练，大大提高了晋察冀军区的医务人员的思想水平和业务水平。在白求恩眼中，病人面前无小事，他对病人的每一个轻微创伤都不会轻易放过，他不会因创伤简单而忽略治疗，在伤者进行手术治疗时，势必事前非常细心诊察，他同时不忘告诫身边的人要严格执行制度，谨慎对待病人。

白求恩这种爱岗敬业、精益求精的精神深深感染了敌后战区抗日军民，毛泽东高度肯定了这种精神，在《纪念白求恩》一文中写道："白求恩同志是个医生，他以医疗为职业，对技术精益求精；在整个八路军医务系统中，他的医术很高明的。"①朱德也指出："他的技术高明，在我军中为第一位，但仍精益求精，研究在游击战争环境下如何进行医疗工作。他不但以这种极端负责任的精神来执行自己的业务，并且教育了他周围一切人，从医生、护士到勤务、马夫……"②吕正操在与白求恩的日常接触中，被他对工作的极度负责深深感动，吕正操在《纪念白求恩大夫》中这样写道："他是为工作而活着，又是为工作而死去。工作和他的全部生活是无法分开的。"③爱岗敬业、精益求精作为白求恩精神的突出特征，鼓舞着无数抗日军民艰苦奋斗、埋头苦干，不断提升自身技术本领，为革命事业的胜利贡献力量。

---

① 毛泽东选集（第2卷）[M]. 北京；人民出版社，1991：660.

② 朱德. 纪念白求恩同志[N]. 解放日报，1942年11月13日.

③ 吕正操. 纪念白求恩大夫[J]. 抗敌三日刊，1940，1.

# 第三节　白求恩精神提出的历史价值

白求恩精神产生于20世纪30年代，距今已经80年，无论是国际环境、国内形势，还是社会环境、经济发展水平，以及人们生活的各个方面，都发生了巨大的变化。但是，白求恩精神作为一种历史的产物、时代的符号、民族精神的积淀、共产党人的楷模，其精神永远不会过时，而是随着时代的发展而发展，随着历史的前进而前进。白求恩的形象并不因时间的流逝而削减他榜样的力量，白求恩精神推动历史，也必将惠及现在、影响未来，同雷锋精神、焦裕禄精神、铁人精神等伟大精神一样，是我们党、国家和民族弥足珍贵的宝贵财富。

## 一、理想信念价值

理想和信念是人们政治信仰与世界观在奋斗目标上的集中体现，只要有坚定的理想信念，一个人就会有不竭的动力，就会有昂扬的斗志；只有树立了远大的理想和坚定的信念，才能有崇高的思想境界和道德情操，才能保持旺盛的革命意志和献身精神。"白求恩精神最核心的内容莫过于他崇高的信仰与坚定的理想信念。"[1]白求恩之所以选择共产主义作为自己的信仰并终其一生而不悔，是因为在苏联的所见所闻使他相信，共产主义能够建立他一直为之探索的、让所有人都能够平等享受医疗服务的制度体系，而在中国延安，他看到了"未来中国的缩影，年轻而热情，勇敢而活泼"[2]，并且从中国共产党人的身上找到了自己一直在寻求的革命理想，并认为在晋察冀边区的两年是"生平最愉快、最有意义的时日"[3]。

理想信念既是一个思想认识问题，更是一个实践问题。当共产主义成为白求恩的信仰后，白求恩不仅加入了加拿大共产党而且公开宣布了自己的共产党员

① 张启华. 信仰、仁心与仁术: 学习纪念白求恩[J]. 中共党史研究, 2013, (6).

② 齐丽. 白求恩对中国抗日战争的宣传[J]. 党史博采, 2016 (8).

③ 陈志忠, 段霄, 选军. 白求恩在中国的最后时刻[J]. 军事历史, 1996 (64).

身份。他赴西班牙参加反法西斯的斗争，并在中华民族处于亡国灭种的最危急、最需要援助的关头，不远万里，来到中国，以强烈的国际主义信念和坚定的反法西斯意志，为中华民族的独立、解放事业，为全世界反法西斯事业的胜利英勇奋斗并献出了宝贵的生命。白求恩对共产主义的向往和忠诚、坚守与践行，是实现中华民族伟大复兴中国梦最为需要的精神力量。白求恩精神超越时空、跨越种族，见于细节、融入信仰，具有穿透历史和影响未来的震撼力，将永远飘扬在中国共产党人的精神高地上，永远是激励亿万中国人民的一座不可磨灭的丰碑。

## 二、共识凝聚价值

延安时期是我们党的历史上最为艰难困苦的时期之一，不仅物质上极度匮乏、军事上压力重重，而且一些错误思想仍然未得到彻底清算。白求恩精神为当时凝聚全党共识，凝聚全民族、全世界反法西斯力量，为抗日战争的胜利提供了宝贵精神财富。

白求恩精神所蕴含的国际主义精神，激励着众多的国际友人投入中国人民的解放事业。和白求恩一样，抗战时期中国战场上有很多国际友人的身影，他们或直接参战，或像白求恩那样开展医疗活动救死扶伤，或进行新闻报道赞扬中国共产党的中流砥柱作用，并向全世界揭露日本法西斯的罪行。他们在中国这片陌生的土地上，为正义、进步与和平而战，奉献了满腔的热血和宝贵的生命，对抗战的胜利做出了应有的贡献。印度援华医疗队的柯棣华，受到白求恩事迹的鼓舞，主动要求赴前线救治伤病员，并在工作早已到期后，坚决留下来，参加了八路军，加入了中国共产党，并为中国人民的反法西斯斗争伟大事业战斗到了生命的最后一刻。毛泽东为柯棣华写了挽词："……全军失一臂助，民族失一友人。柯棣华大夫的国际主义精神，是我们永远不应该忘记的。`"

白求恩精神衍生出的全心全意为人民服务的根本宗旨，成为我们党最鲜明的政治立场。在加拿大，白求恩开了一个专为穷人看病的诊所；在西班牙，他全身心地投入反法西斯侵略斗争和人道主义救援行动；在中国，他救死扶伤，无论是八路军指战员还是贫苦农民，凡是受伤需要救治的，他都像对待亲人一样。白求恩说："一个医生、一个看护、一个照护员的责任是什么？……就是使你的病人快乐，帮助他们恢复健康，恢复力量。"①这是彻底的毫不利己、专门利人的全心全意为人民服务精神。我们党的根基在人民、血脉在人民、力量在人民。"党群关系好比鱼水关系，共产党是鱼，老百姓是水；水里可以没有鱼，鱼可是永远离不开水啊！"正是为人民利益的不懈奋斗，支撑着我们党历经革命、建设、改革的伟大历程，成就了我们党作为马克思主义执政党的历史地位，成就了中国特色社会主义伟大事业，也必将成就国家富强、民族振兴、人民幸福的中国梦。

### 三、文化化育价值

白求恩精神是中华民族先进文化和我们党革命精神的浓缩和升华，也是社会主义先进文化的基本内核之一。白求恩的高尚形象、感人事迹、精神力量是教育人、影响人、塑造人的强大精神动力。

以白求恩精神教育全党。1939年12月1日，在延安各界追悼白求恩的大会上，毛泽东亲笔写挽词："学习白求恩同志的国际主义精神，学习他的牺牲精神、责任心与工作热忱。"同年12月21日，毛泽东写了《纪念白求恩》一文，对他的精神进行了系统全面概括，号召"每一个共产党员，一定要学习白求恩同志的这种真正共产主义者的精神"。《纪念白求恩》一文成为解放区抗日军民的重要学习文件，并且大大地提高了党的思想理论教育的效果。②白求恩精神是延安精神的重要组成部分，并由延安精神开启了一代共产党人的优良传统和作风，使我们党在错综复杂和艰难困苦的战争年代始终保持无产阶级政党的先进性，始终代表中国社会发展的正确方向，始终密切党同人民群众的血肉联系，得到了广大人民的支持和拥护，从而奠定了中国革命和建设事业胜利的政治基础和群众基础。

以白求恩精神教育全社会特别是医药卫生行业。80年来，党和国家在全社会深入开展学习白求恩活动，推动白求恩精神研究，用白求恩精神培养和教育了亿万中国人。在武汉、上海、山西、延安、河北等白求恩工作过的地方，建立

---

① 伟大的国际主义战士白求恩[M]. 中国青年出版社，1965：165.
② 王京跃. 白求恩精神的现代意义[J]. 马克思主义研究，2009（12）.

白求恩纪念馆等，供人民瞻仰参观学习。以白求恩的名字命名了一大批学校、医院，国家卫生部和地方卫生部门及单位设立了"白求恩奖章""白求恩杯"等奖项，培养造就和奖励了大量传承白求恩精神、具有高尚医德医风的医务工作者。在国家、地方和一些单位，建立了白求恩精神研究会等机构，出版相关书籍、报刊，创作生产了一批诗歌、歌曲、小说、话剧、影视剧等文艺作品，深入研究宣传白求恩精神。总之，不管形势如何变化，作为中华民族伟大精神重要组成部分的白求恩精神都会历久弥新，仍然具有强大的生命力和感召力，将继续鼓舞激励全体中华儿女顽强奋斗、兢兢业业、拼搏进取。

## 四、实践引领价值

白求恩精神不仅仅是一笔宝贵的精神财富，更是一种具有很强实践性的精神力量，这种精神力量是白求恩立足于现实、立足于为人民服务的实际行动构建起来的。

白求恩精神的实践性表现在白求恩精神把崇高的共产主义远大理想与全心全意为人民服务相结合。白求恩说："千百万爱好自由的加拿大人、美国人和英国人的眼睛都遥望着东方，怀着钦佩的心情注视着正在与日本帝国主义做着光荣的斗争的中国……我被派来作他们的代表，我感到无上的光荣……法西斯们在威胁世界和平。我们必须击败他们。他们在阻碍着人类向社会主义社会前进的、伟大的、历史的、进步的运动。正因为加拿大、美国和英国的工人以及抱着同情的人明白这一点，所以他们现在帮助中国来保卫这个美丽可爱的国家。""不仅是为了挽救今日的中国，而且是为实现明天的伟大、自由、没有阶级压迫的新中国。那个新中国，虽然他们和我们不一定能活着看到。但是，不管他们和我们是否能活着看到幸福的共和国，主要的是，他们和我们都在用自己今天的行动帮助它的诞生，使那新共和国成为可能的了。"[①]正是怀着这样崇高的目的，白求恩放弃优裕生活，历经重重险阻，来到历经苦难的中国，在战火纷飞的前线进行反法西斯战斗，用他对人民群众的无限热爱、精湛的医术、对伤病患者的真诚服务，救治了大批伤病员，"他从1938年春来中国到以身殉职，在短短的1年零10

---

① 伟大的国际主义战士白求恩[M]. 中国青年出版社, 1965: 163—164, 169.

个月里，行程万余里，参加大小战斗几十次，亲自为1200多名八路军伤员做过手术，经他查看和医治过的指战员达9000多人"，[①]为中国的抗战事业做出了重要贡献。

白求恩精神的实践性使得白求恩的事迹可信、可行，人人可学、可做，无论是党员、医务工作者还是普通群众，都能够成为白求恩精神的践行者。传承弘扬白求恩精神，行动起来最重要。党员特别是党员领导干部可以实践为人民服务的思想，坚定理想信念，树牢群众观点，践行群众路线，全心全意为人民谋利益；医务工作者可以学习他"对工作极端的负责任，对人民极端的热忱，对技术精益求精"，在救死扶伤、治病救人的医疗实践中体现高尚的职业道德；每一个公民都可以在"毫不利己、专门利人"中实践"大公无私"的道德原则，在平凡中体现伟大。当然，实践活动是具体的、生动的，会因时而变、因人而异，因此践行白求恩精神应符合时代要求、展现时代特征、契合时代潮流，深入挖掘其当代价值，与社会主义核心价值观建设有机结合起来，不断创新方式方法，在"知行合一"中不断发扬光大白求恩精神，为中国特色社会主义事业提供源源不断的精神动力和道德滋养。

---

① 陈志忠, 段霄, 选军. 白求恩在中国的最后时刻[J]. 军事历史, 1996 (64).

# 第二章　白求恩精神的历史渊源

## 第一节　白求恩精神的历史演变

　　白求恩精神是指中国共产党领导中国人民进行抗日战争中形成的，首先由毛泽东定义的革命精神。白求恩精神作为一种政治意识形态，它的精神演变与各个阶段的时代背景紧密相连，而每个时期所继承和发展的白求恩精神的侧重点不同。根据中国社会的每个发展阶段的历史背景的变化，将白求恩精神的历史演变历程主要分为以下五个阶段：奠基与形成时期、扩展与融汇时期、衍变与重组时期、冲突与变革时期、反思与发展时期。

　　白求恩精神作为中国精神中最重要的精神之一，是在抗日战争的过程中形成的革命精神。它作为中国社会意识形态的重要内容，作为一种文化形态而一直延续至今。白求恩精神的历史演变过程是民族精神和时代精神的统一。

### 一、白求恩精神的奠基与形成时期（30年代—50年代）

　　这一时期的中国，战争和动荡不断。1937年卢沟桥事变后，中国抗日战争爆发，中日的民族矛盾上升为当时的主要矛盾。正是在危急存亡之际，白求恩于1938年3月，受加拿大共产党和美国共产党派遣携带大量医疗器械，率领一个由加拿大人和美国人组成的医疗队来到延安，援助中国人民的解放事业。白求恩的到来，改变了革命根据地落后的医疗现状，为支援中国革命做出了巨大贡献。1938年1月，白求恩来到中国香港，历经10周的时间到达革命根据地延安。到达延安的第二天与毛泽东会面，白求恩计划建立流动手术室和流动血库，得到了毛泽东的支持和认可。很快白求恩将松岩口一所条件极差的医院改造成为晋察冀根据地第一所模范医院，培训了一大批医护人员。正当白求恩为了革命事业日夜辛劳的时候，1939年10月下旬，白求恩在涞源县摩天岭战斗中抢救伤员时左手中指被手术刀割破，之后又给一个外科传染病伤员做手术时受感染，却仍不顾伤痛，坚决要求去战地救护。他说："你们不要拿我当古董，要拿我当一挺机关枪使用。"随即跟医疗队到了前线。最终因伤势恶化，转为败血症，医治无效，于11月12日凌晨在河北省唐县黄石口村逝世，享年49岁。12月1日，延安各界举行追悼大会，毛泽东题了挽词，并于1939年12月21日写了《纪念白求恩》一文，号召中国共产党员学习他的国际主义精神和共产主义精神。

在《纪念白求恩》一文中毛泽东将白求恩精神定义为："一个外国人，毫无利己的动机，把中国人民的解放事业当作自己的事业，这是什么精神？这是国际主义的精神，这是共产主义的精神，每一个中国共产党员都要学习这种精神。"①并高度赞扬"白求恩同志毫不利己专门利人的精神，表现在他对工作的极端的负责任，对同志对人民的极端的热忱"。毛泽东号召"每一个共产党员，一定要学习白求恩同志的这种真正共产主义者的精神。""要学习他毫无自私自利之心的精神。从这点出发，就可以变为大有利于人民的人。一个人能力有大小，但只要有这点精神，就是一个高尚的人，一个纯粹的人，一个有道德的人，一个脱离了低级趣味的人，一个有益于人民的人。"②至此，毛泽东给白求恩精神的内涵做出了概括，最核心的就是国际共产主义精神。与此同时，聂荣臻于1940年1月4日在晋察冀军区报纸《抗敌三日刊》刊发了《纪念白求恩同志》以及吕正操的《纪念白求恩大夫》。在白求恩逝世三周年之际，朱德总司令在《解放日报》发表了《纪念白求恩》一文。这一时期的文章大多歌颂和宣扬白求恩的国际共产主义精神。

同时，这一阶段对白求恩精神的学习主要集中于军队，以白求恩为榜样带动全国军民坚持抗日，号召中国广大军民学习他伟大的国际共产主义精神。

---

① 毛泽东选集（第2卷）[M]. 北京：人民出版社，1991：653.
② 毛泽东选集（第2卷）[M]. 北京：人民出版社，1991：653.

## 二、白求恩精神的扩展与融汇时期（20世纪60年代—1978年）

以毛泽东同志为核心的党的第一代中央领导集体带领中国人民实现了从半殖民地半封建社会到民族独立、人民当家作主新社会的历史性转变，从新民主主义革命到社会主义革命和建设的历史性转变，开始独立自主地探索适合中国国情的社会主义建设道路。对社会主义建设道路的探索在曲折中前进是这段时期的历史主题。毛泽东特别重视人的精神的能动作用的发挥，"人是要有一点精神的"，他强调发扬革命传统，是民主革命取得胜利的重要因素。因此，继承和发扬伟大的民族精神和时代精神成为这段时期强大的精神支柱。

毛泽东在1965年8月30日第四次讲雷锋中，在钟学坤的笔记本上第二次为雷锋题词。"学习白求恩，学习雷锋，为人民服务。"毛泽东在这个题词中，把"学习雷锋"同"学习白求恩"和张思德的"为人民服务"精神放在一起，体现了毛泽东对白求恩精神和雷锋精神的充分肯定，在毛泽东看来，雷锋身上具有白求恩毫不利己、专门利人之心，而且也具有全心全意为人民服务的精神。"文化大革命"时期是宣传和学习白求恩精神热情高涨的时期，白求恩精神受到毛泽东的高度肯定，《纪念白求恩》《为人民服务》《愚公移山》三篇文章，成为全民学习和背诵的著作，《纪念白求恩》一文中提出的"五个一"（一个高尚的人，一个纯粹的人，一个有道德的人，一个脱离了低级趣味的人，一个有益于人民的人）深入人心，"老三篇"（即《纪念白求恩》《为人民服务》《愚公移山》）被译成几十种世界语言，广为传播，此时对白求恩精神的学习上升到了最热的顶峰。

这一时期，对白求恩精神的宣传还体现于电影、诗歌、连环画等形式。1964年，宣传白求恩精神的第一部电视剧《白求恩大夫》问世。1977年，由张骏祥、赵拓改编的电影《白求恩大夫》在全国上映，电影中白求恩展现了无私高尚的"好大夫"形象。此后相继出现了以电影《白求恩大夫》为蓝本的电影版连环画以及诗歌《白求恩的赞歌》《高尚的人》等。

这一时期党中央将白求恩精神融入社会主义改造、"一五"计划建设、"大跃进"、人民公社化运动中，激励广大党员干部学习和发挥毫不利己专门利人、全心全意为人民服务的精神。此时，白求恩精神成为社会主义初级阶段精神文明建设的重要组成部分。

## 三、白求恩精神的衍变与重组时期（1978年—1992年）

1978年十一届三中全会成为党的历史上的重大转折，从根本上纠正了长期存在的"左"倾错误思想，重新确立了解放思想，实事求是的思想路线。我国刚提出改革开放后的1979年6月，我们党的第二代领导集体的核心——邓小平同志就题写了"做白求恩式的革命者，做白求恩式的科学家"的题词。这对于改革开放新的历史时期学习白求恩，弘扬白求恩精神指明了方向，对正确理解红与专的关系，提出了更高的标准要求。中央政治局常委李瑞环同志代表党中央，在纪念白求恩逝世50周年大会上发表了极为重要的讲话，他说："白求恩精神已在中国共产党和中国人民中间形成为一种风范，一种楷模，一种准则，一种传统。在中国历史上，在中国革命和建设进程中，有许许多多为社会进步、为人民利益作出贡献的志士仁人、革命先烈、战斗英雄、劳动模范，他们的奋斗和牺牲，感召着后人，形成了强大的精神力量。白求恩精神已经汇合到这个力量当中，成为中华民族之魂的一个组成部分。"并说："……我们现在和今后几十年，一定要保持革命战争时期和创业时期的那样一种革命热情，那样一种艰苦奋斗、无私奉献的精神，并且适应新时期的情况和需要，把这种精神发扬起来。"

20世纪80年代初社会上曾出现过批判"全心全意为人民服务"与"毫不利己专门利人"的口号的歪风，这是社会转轨期价值失范的表现之一。对此，邓小平予以严肃的批评，他指出，我们在新民主主义时期就已经提倡和表彰"全心全意为人民服务""毫不利己专门利人"的精神，现在已经进入社会主义时期，居然有人对这些庄严的口号进行荒唐的批判，这是不能容忍的。1986年9月，党的十二届六中全会通过了《中共中央关于社会主义精神文明建设指导方针的决议》。白求恩精神成为社会主义精神文明建设的重要内容。20世纪80年代关于白求恩精神的宣传成果较多，老一辈无产阶级革命家聂荣臻同志在1989年撰文中指出："今天……建设有中国特色社会主义伟大事业……很有必要在全国范围里，广泛宣传白求恩同志的事迹，今天仍然需要大力提倡白求恩精神。这对我国人民，尤其对青少年的思想、道德教育，对全国的社会主义精神文明建设，都是非常有意义的。"1981年，人民音乐出版社出版了一部管弦乐总谱《白求恩交响诗》。1991年，中国电影集团公司、加拿大国际影线公司、法国爱菲尔贝尔斯塔影片公司合拍的《白求恩——一个英雄的成长》，展现了白求恩平凡的生活经历和伟大的国际主义精神。第二部电视剧是2006年拍摄的电视连续剧《诺尔曼·白求恩》，讲述了国际主义战士白求恩的家族历史、婚姻爱情、职业精神和理想追求，生动地展示了白求恩的人生历程。

进入改革开放新时期，白求恩精神面临"是否过时"这一思想性和原则性问题，基于这一问题的解决，全社会对白求恩精神的学习有了新的认识和把握，白求恩精神成为社会主义精神文明建设的重要内容。人们更加重视白求恩精神中的实践价值，挖掘其中蕴含的对社会不同主体的意义，例如，白求恩精神中蕴含的医学伦理思想，开始应用于新时期医德医风建设，成为广大医务人员的精神指引。

## 四、白求恩精神的冲突与变革时期（1992年—2000年）

改革开放以来，随着社会主义市场经济的发展，人们的思想观念和价值取向等意识形态发生改变，给传统道德观念和传统精神文化造成很大冲击，意识形态领域的工作在时代背景的催化下，变得非常重要。白求恩精神成为广大人民学习的榜样。这一时期对白求恩精神的学习愈加丰富化和具体化，体现在白求恩精神和中国特色社会主义建设的融合，使他成为人们崇尚的道德模范，而不仅仅只是简单的口号宣传。与此同时，对白求恩精神的研究也不断深化，有学者将白求恩精神的内涵概括为："锲而不舍进取精神、国际主义献身精神、毫不利己专门利人的无私精神和对技术精益求精的职业精神。"[1]锲而不舍进取精神指白求恩在医学工作中的进取精神，在刻苦钻研中成就了高水平的医术。国际主义献身精神体现在白求恩在他两次放弃个人名利奔赴炮灰连天的战场。1936年西班牙内战中他和西班牙人民一起战斗，和1938年赴华支援抗日之行，体现出他可贵的国际主义献身精神。毫不利己专门利人的无私精神是指他在战场上不惜生命地忘我工作，"他曾连续在69小时内，做了150次大小手术"[2]。对技术精益求精的职业精神表现在他在工作中极端负责的工作态度，在战场上不畏危险地救助伤员。

---

① 汤九夫.白求恩其人其事[M].史海一叶，2000（1）：38—39.
② 汤九夫.白求恩其人其事[M].史海一叶，2000（1）：39.

　　1992年10月党的十四大报告中明确提出，我国经济体制改革的目标，致力于建立社会主义市场经济体制，强调了物质文明和精神文明一起抓。这个时期是社会转型变革的重要历史时期，整个社会的变化不仅体现于经济领域，而且包括意识形态、道德准则、生活方式等诸多方面，这是一个全方位且长期的变革。在变革的过程中，价值冲突、文化碰撞、行为失范等问题以不同形式显现。特别是随着社会主义市场经济体制的确立和发展，人们处于的环境成为功利性、竞争性强烈的环境，加之在社会主义初级阶段发展的不充分、不完善、不平衡等现实情况，这一时期促进意识形态领域的稳定变得尤为重要，而且社会公德、职业道德等将发挥重要的社会作用。

　　公有制在多种所有制经济中的主体地位，决定了与经济基础相适应的意识形态的主旋律，必然是社会主义思想道德。这就为白求恩精神的弘扬和实践提供了客观基础，它对于新时期，在全社会引导和帮助人们选择和确立正确的思想道德观念与价值取向，具有十分重要的意义。

　　江泽民在1995年9月27日党的十四届五中全会召集人会议提出："建议大家重读毛泽东同志的《纪念白求恩》。毛主席要求共产党员学习白求恩同志毫无自私自利之心的精神，做一个高尚的人，一个纯粹的人，一个有道德的人，一个脱离了低级趣味的人，一个有益于人民的人。在发展社会主义市场经济条件下，社会环境和战争年代大不一样了，毛主席这些话是不是过时了？没有过时，应该说更有现实性。"江总书记的话进一步说明白求恩精神过去战争年代需要，现在的新形势下仍然需要提倡以白求恩精神教育和提高人们的思想觉悟和道德素质。聂荣臻元帅为《伟大的国际主义战士诺尔曼·白求恩》一书所写的代序《听毛主席的话，向白求恩学习》，"肯定这篇著作是教育和鼓励我们进行革命斗争的强大精神力量，现已成为指导我国年轻一代不断向革命化道路挺进的思想武器。"[①]

　　随着改革开放的深入推进和文化热的兴起，白求恩精神是否与社会主义市场经济相矛盾的问题显现。学习白求恩精神的内容和形式逐步深化，实践价值和理论价值并行。白求恩精神同社会各行业相结合，开展各式各样的服务活动。对于党员和领导干部的学习意义上升到纠正世界观与人生观的高度，身体力行地克服市场经济带来的负面影响，更好地为社会主义建设服务。

---

①　耿庆义.延安时期白求恩精神的宣传与教育[J].中国卫生质量管理，1997（2）：15.

## 五、白求恩精神的反思和发展时期（2000年—2012年）

在改革开放新时期和社会主义市场经济新形势下，传统道德理念受到巨大冲击，导致一部分人萌生了极端个人主义、拜金主义、享乐主义，为一己私欲不顾国家与集体。面对这些问题的出现，时代呼吁大力弘扬白求恩精神，树立精神标杆。在时代发展和社会不断进步的背景下，白求恩精神同社会主义精神文明建设的联系更加紧密，在时代的催化下，被不断地赋予新的内涵，包括坚定的共产主义理想信念、为全人类求解放而奋斗的国际主义精神、对工作极端负责的职业道德，对同志对人民极端热忱的奉献精神，对技术精益求精的科学态度。[①]与此同时，促进了白求恩精神融入中华民族的血液之中，成为我们中华民族优秀文化的重要组成部分，白求恩精神的教育意义和模范作用应用范围也更为深刻、广泛。

这一时期白求恩精神被赋予了鲜明的时代特征：白求恩精神所体现的时代特征之一，就是其忠于职守、献身科学、毫不利己专门利人的无私奉献精神。白求恩精神的时代特征之二表现为极其高尚的人道主义精神。白求恩精神的时代特征之三表现为尊重科学、严谨求实、钻研医术、精益求精的开拓创新精神。[②]新的时代背景下，白求恩精神不再是简单地学习和模仿的对象，深入到了人们理论研究的领域，成为新时期社会主义核心价值体系和精神文明建设的重要课题。对白求恩精神的学习，提高到了人生观、道德观、价值观的高度，成为新时期人们的行为规范楷模。同时在学习白求恩精神的实践中，和各类社会主体相结合，采用不同的方法，提出不同的要求，增强学习白求恩的针对性和实效性。例如，与新形势的医院管理相结合，用于提升广大医务人员的科研精神、服务意识和道德素质。此外，白求恩精神在引导学生树立理想信念，自觉肩负使命担当起到重要的精神引领作用。社会主义现代化进程中，需要白求恩精神引导人民正确处理利益关系，改善社会风气，宣传正能量，推进市场经济中负面问题的解决。

27

---

① 李微铭，刘晓刚. 白求恩精神研究文献综述[J]. 吉林医药学院学报，2011（6）：349.

② 闫玉凯. 论白求恩精神的形成与发展及时代内涵[J]. 学理论，2010（4）：192.

## 六、白求恩精神发展的新时期（2012年以来）

党的十八大召开以来，我国的社会精神和思想文化领域呈现出新气象和新变化。一段时间以来，伴随着我国经济的发展，出现了不同社会阶层的价值观扭曲、道德滑坡、多种主义混乱等状况，自此我国对以往的社会精神进行了深度反省和探索，逐渐正本清源，走出一条具有中国特色的社会主义文化道路。2012年12月29日，习近平总书记提出了中华民族伟大复兴的宏伟目标，中华儿女深受鼓舞，为实现这一宏伟目标，整个社会愈来愈重视精神文明建设和文化需求。社会精神层面的建设逐渐步入正轨，马克思指出："问题就是时代的口号，是代表时代自己内心状态的最实际的呼声。"从对物质文化需求到对美好生活的向往是社会发展的必然，"美"在物质需求的满足，"好"在精神层面的追求。改革开放以来出现的精神领域的问题逐渐得到矫正，人民逐渐自觉遵守社会主义核心价值观的要求，坚守真善美的底线。

中国特色社会主义进入新时代，在新的时代背景下，为中华民族伟大复兴注入新的精神活力，需要国家和政府加大精神文化建设，加强正确价值观的引导，汇聚精神共识，凝聚精神力量，同时要指引人民自觉强化精神需求，增强国家和人民的凝聚力、创造力和战斗力。伟大的时代孕育伟大的精神，伟大的精神成就伟大的时代，时代呼唤白求恩精神，为新时代精神文化建设提供价值引领和精神标杆。这一时期的白求恩精神的价值，在医疗领域、医务工作者、医院、培育和践行社会主义核心价值观以及共产党人价值引领等方面得以彰显，体现于引领医德医风建设、弘扬社会主义核心价值观和树立共产党人榜样等价值。

总之，亨利·诺曼尔·白求恩，加拿大共产党员，一位伟大的国际共产主义战士，不远万里来到中国，战斗在抗日战争前线，救死扶伤，他用实际行动证明了对中华民族解放事业的支持和对人类进步事业的忠诚。他的名字和光辉事迹永远镌刻人类解放事业的丰碑上，为中国人民和世界人民所敬仰，白求恩的一生是战斗的一生，光辉的一生，他的精神光照人间。他是中国共产党人的一面旗帜，是我们永远学习的榜样。

# 第二节 学习白求恩精神的历史脉络

## 一、白求恩精神在20世纪40—50年代

1.这一阶段关于白求恩精神的重要文献和活动大事记

1942年11月13日朱德对白求恩作出重要评价："白求恩同志，是一个富于实际主义精神的人，他看到我军许多医生技术水平低，便把教育和提高医生、护士作为自己的职务，他自己写课本，办学校，走到那里，教到那里，没有夸夸其谈、言多于行的坏习气。白求恩同志的工作和著述中充满着这种明亮清透的实际主义的光辉。"[①]

1944年中国当代著名作家周而复创作长篇报告文学《白求恩大夫》，再现了白求恩在晋察冀边区的足迹。

白求恩是宋庆龄介绍到中国的。1952年，宋庆龄为泰德阿兰、赛德奈戈登合著的《手术刀就是武器》一书所写的序言《我们时代的英雄》中这样写道："新中国永远不会忘记白求恩大夫。他是那些帮助我们获得自由的人中的一位。他的事业和他的英名永远活在我们中间。""诺尔曼·白求恩是一位医生，他曾用他所熟悉的武器在医务方面进行斗争。在他本人的科学范围内，他是一位专家和创导者，他把他的武器保持得锋利如新。而且他，自觉而一贯地，把他的伟大的技能贡献给反法西斯主义和帝国主义的斗争的先锋。"在1979年，宋庆龄题词"白求恩精神光耀千秋！"。

1953年3月15日华北人民政府决定，将白求恩、柯棣华的灵枢由唐县军城南关迁至石家庄"华北烈士陵园"。

1959年11月白求恩逝世20周年时，在白求恩国际和平医院举行了白求恩全身雕像落成典礼。

---

[①] 朱德. 纪念白求恩同志[N]. 解放日报，1942-11-13.

2. 这一阶段白求恩精神的具体体现

毛泽东在《纪念白求恩》一文中将白求恩精神定义为："一个外国人，毫无利己的动机，把中国人民的解放事业当作自己的事业，这是什么精神？这是国际主义的精神，这是共产主义的精神，每一个中国共产党员都要学习这种精神。"至此，毛泽东给白求恩精神的内涵做出了概括，最核心就是国际共产主义精神。这一阶段对白求恩精神的学习主要集中于军队，主要研究集中于白求恩的先进事迹，大力学习白求恩伟大的国际共产主义精神。

## 二、白求恩精神在20世纪60—70年代

1. 这一阶段关于白求恩精神的重要文献和活动大事记

毛泽东在1965年8月30日第四次讲雷锋中，在钟学坤的笔记本上第二次为雷锋题词。"学习白求恩，学习雷锋，为人民服务。"在这个题词中，毛泽东把"学习雷锋"同"学习白求恩"和张思德的"为人民服务"精神放在一起，体现了毛泽东对白求恩精神和雷锋精神的充分肯定，在毛泽东看来，雷锋身上具有白求恩毫不利己、专门利人之心，而且也具有全心全意为人民服务的精神。

1967年12月21日毛泽东同志《纪念白求恩》一文发表28周年，原北京军区政治部在北京民族文化宫举办了"纪念白求恩事迹展览"，一些省市复制了展品在本地展出。

1974年11月12日白求恩逝世35周年，经周恩来总理批准新建的白求恩纪念馆，在白求恩国际和平医院落成开放。

1977年由张骏祥、赵拓改编的电影《白求恩大夫》于1977年发行并在全国正式放映。

1979年5月，聂荣臻讲道："他对自己的工作采取了严肃的态度。他是一个医学科学家，不仅用科学态度行医治学，并且通过自己的社会实践，去解剖社会，追求科学真理。"当1979年6月解放军白求恩和平医院建院50周年请邓小平为其题词时，他欣然命笔，题写了："做白求恩式的革命者，做白求恩式的科学家"的题词，此后还为白求恩医科大学题写了校名。白求恩无论是作为一个革命者，还是作为一个科学家，他的精神永远值得人们学习。白求恩精神，毫不利己、专门利人的口号，既是共产主义精神的一种诠释，也是社会主义先进道德文

化的一个重要内容，在新的历史条件下，还可以成为检验人们精神状况和思想道德境界的一个标尺。

1979年11月12日为纪念白求恩逝世40周年，上午由中国人民对外友协主办的《白求恩生平事迹展览》在中国革命军事博物馆开幕。加拿大派代表专程前来参加开幕式并详细观看了全部展览内容。同年11月13日由人民出版社编辑出版的《纪念白求恩》一书公开发行。11月宋庆龄发表了《我们时代的英雄》、聂荣臻发表了《要拿我当一挺机关枪使用》、吕正操发表了《我唯一的希望是能够多有贡献》、江一真发表《生命像火一样燃烧》等纪念文章。

"文化大革命"期间全民学习毛泽东著作"老三篇"的学习运动，"老三篇"特指《愚公移山》《为人民服务》《纪念白求恩》三篇文章。

2.这一阶段白求恩精神的具体体现

受"文化大革命"的影响，这一阶段我国社会精神文化遭到创伤。白求恩精神是"老三篇"之一，因此在这一阶段白求恩精神得以广泛传播，为人民群众熟知。随着纪念白求恩逝世40周年的到来，对于白求恩精神的探究不断地深化，内涵不断地提炼和升华，形成了较为典型的表述，如"坚定的共产主义理想信念、为全人类追求解放而奋斗的国际主义精神、对工作极端负责的职业道德、对同志对人民极端热忱的奉献精神、对技术精益求精的科学态度"①。

### 三、白求恩精神在20世纪80年代

1.这一阶段关于白求恩精神的重要文献和活动大事记

1987年3月4日王震题词"伟大的国际共产主义战士白求恩在中国共产党领导的军队里抗击日本侵略军的英勇牺牲精神永远活在中国人民心中"。1987年2月10日王平题词"学习白求恩、柯棣华伟大的国际共产主义精神，发扬救死扶伤的光荣传统，把白求恩国际和平医院办得更好"。1987年3月18日，邓小平曾说："中国人民对加拿大人民有着深厚的感情，这种感情是从白求恩开始的。"1989年8月吕正操题词"纪念白求恩逝世五十周年以无私奉献的精神，教育党员，教育人民"。1989年7月萧光题词"学习白求恩的工作热忱和责任心，

---

① 李微铭，刘晓刚.白求恩精神研究文献综述[J].吉林医药学院学报，2011（6）.

加强职业道德观念"。

1989年以纪念白求恩、学习和弘扬白求恩精神为宗旨的群众社团组织——白求恩医科大学北京校友会在京宣布成立。同年11月13日白求恩逝世50周年，聂荣臻在《瞭望》周刊46期发表《今天仍然需要提倡白求恩精神》。李瑞环在首都纪念国际共产主义战士白求恩大会上发表讲话。

2.这一阶段白求恩精神的具体体现

20世纪80年代初社会上曾出现过批判"全心全意为人民服务"与"毫不利己专门利人"的口号的歪风，这是社会转轨期价值失范的表现之一。对此，邓小平予以严肃的批评，他指出，我们在新民主主义时期就已经提倡和表彰"全心全意为人民服务""毫不利己专门利人"的精神，现在已经进入社会主义时期，居然有人对这些庄严的口号进行荒唐的批判，这是不能容忍的。白求恩精神重新受到重视，学习他身上的宝贵的无私奉献精神。李瑞环在首都人民纪念伟大的国际主义战士白求恩大会上的讲话指出："50年来，一代又一代的中国人，从毛泽东同志的教导当中，从白求恩同志的崇高品格当中，深深体会到：白求恩精神，就是国际主义精神，就是共产主义精神，就是毫无自私自利之心的精神，也就是我们常说的全心全意为人民服务的精神，艰苦奋斗、无私奉献的精神。"白求恩精神在全党全国人民心中逐渐成为一种精神、一种楷模和一种道德准则。

## 四、白求恩精神在20世纪90年代

1.这一阶段关于白求恩精神的重要文献和活动大事记

1990年在北京中山堂举行了白求恩诞辰100周年座谈会，向全市卫生工作者发出了"学习白求恩精神，树立良好医德医风的倡议书"。同年10月《白求恩在唐县》文献资料一书出版发行。同年，加拿大泰德阿伦编写的《白求恩大夫》电影在中国放映。

1991年在毛泽东同志发表《纪念白求恩》一文52周年之际，全国第一届白求恩精神研讨会在北京召开。到会代表150人，收到论文282篇。

1992年6月25—27日，天津召开"市卫生行业白求恩精神研讨会"，到会代表100余人，收到论文198篇。

1994年10月23—25日，在白求恩逝世55周年前夕，全国第二届白求恩精神

研讨会在京召开，到会代表151人，收到论文398篇。

1995年为纪念白求恩逝世55周年和抗日战争胜利50周年，河北电视台拍摄了白求恩大型文献纪录片《不灭的光辉》，中央电视台正大综艺播放了特别节目——《加拿大专辑》。同年2月21日江泽民为原南京军区总医院题词："弘扬白求恩精神，建设现代化医院。"

1995年9月27日江泽民在十四届五中全会上，发出"大家重读毛泽东同志的《纪念白求恩》"的号召，在《领导干部一定要讲政治》一文中要求共产党员学习白求恩毫无自私自利之心的精神，加强世界观改造，做毛主席倡导的"五种人"，做一个高尚的人，一个纯粹的人，一个有道德的人，一个脱离了低级趣味的人，一个有益于人民的人。他又在1997年7月18日题词"继承和发扬白求恩精神，全心全意为人民服务"。江泽民于2000年7月20日说："白求恩大夫是加拿大人民的优秀儿子，中国人民的伟大朋友。白求恩大夫已成为中加两国人民友谊源远流长的象征。如今，由他亲手播下的中加友谊的种子已结出丰硕的果实。"

1995年纪念白求恩诞辰105周年暨来华57周年《人民日报》发表了陈沙署名文章《重学白求恩》、杨成武的创作《无私无畏 光耀千秋》。

1996年10月29日—11月1日全国第三届白求恩精神研讨会在江苏无锡市召开。到会代表147人，收到论文300余篇。1997年6月杨成武题词"白求恩精神永放光辉"，1997年6月徐向前将军题词"白求恩同志为国际共产主义而英勇奋斗牺牲的精神是中国人民永远怀念和学习的榜样！"。

1998年7月26—29日中国白求恩精神研究会在长春白求恩医科大学召开了全国第四届白求恩精神研讨会。到会代表250余人，收到论文506篇。汇编了近90万字以"风范长存"为题的大型论文集。

2.这一阶段白求恩精神的具体体现

改革开放以来，随着市场经济的发展，人们的思维方式和价值取向等意识形态发生了很大变化，给传统道德观念造成很大冲击，使白求恩精神更加成为人们学习的楷模。白求恩精神的内涵也更加具体化，被概括的精神内涵分为四个层面："锲而不舍进取精神、国际主义献身精神、毫不利己专门利人的无私精神和对技术精益求精的职业精神。"[①]这一阶段白求恩精神融入社会主义精神文明建

---

① 高学栋,宗景才.论白求恩精神的内涵及其现实意义[J].山东省青年管理干部学院学报,2000（4）.

设，不断为改革开放和社会主义现代化建设贡献精神力量。

## 五、白求恩精神在21世纪初期

1.这一阶段关于白求恩精神的重要文献和活动大事记

2005年9月10日正在加拿大进行国事访问的中国国家主席胡锦涛在会见安大略省长麦坚迪时表示，安大略省是加拿大经济、金融和多元文化的中心，同中国的交往历史悠久。中国人民对安大略怀着特殊的友好感情。出生于安大略格雷文赫斯特市的白求恩大夫曾在抗日战争中同中国人民并肩战斗，并献出了宝贵生命，他的动人事迹在中国广为传颂。

2006年拍摄的电视连续剧《诺曼尔·白求恩》生动讲述了白求恩的一生。

2013年10月18日国家主席习近平在人民大会堂会见加拿大总督约翰斯顿。习近平表示，中国人民对加拿大人民怀有深厚的友好感情，白求恩大夫支持中国人民反对法西斯斗争的事迹在中国家喻户晓。

2.这一阶段白求恩精神的具体体现

在时代发展和社会不断进步的背景下，白求恩精神被不断地赋予新的内涵和时代价值。白求恩精神被广泛运用于医学、社会主义核心价值观培育、党风建设等领域，融入我们民族的血脉之中，成为我们中华民族优秀品质和高尚道德情操的重要组成部分。随着时代的发展，白求恩精神的内涵也在不断丰富和发展，此阶段的白求恩精神具有鲜明的时代特征："之一是其忠于职守、献身科学、毫不利己专门利人的无私奉献精神；之二是其极其高尚的恪守医德、团结互助、救死扶伤、极端负责的人道主义精神；之三是其尊重科学、严谨求实、钻研医术、精益求精的开拓创新精神。"①

## 六、国外名人关于白求恩的述评

1987年3月8日让娜·索维（加拿大总督）："白求恩是我们的好大使。"

2000年8月19日克拉克森（加拿大总督）："从个人职业角度去看，他是一

---

① 闫玉凯. 论白求恩精神的形成与发展及时代内涵[J]. 学理论, 2010（4）: 192.

位极特殊的人物，以极特殊的生活方式度过了自己的一生。他的一生，从某种意义上讲，其真谛已超越了国界，已升华到了不仅仅代表着国际主义精神，而实际体现了一种宇宙般的宽阔胸襟。如今这宇宙般的胸怀已为世人所公认。"

贝祥（加拿大驻华大使）："我们熟知他献身人道主义和勇于自我牺牲的精神。对白求恩医生的纪念，已经变成了我们两国之间联系的重要纽带，也是滋养着深深扎根于我们人民之间友谊的见证。"

古柏（加拿大民主书报俱乐部主任）："加拿大的人民，因为有如此伟大光荣的子孙而感觉骄傲。"

泰德·阿兰（加拿大作家）："白求恩是我生平所认识的、最使我感奋的人物。他最喜欢为人富于个性，敏于机智，最讨厌那班只顾掇拾权威词语、从不独立思考之辈。"

亨宁·索伦森（白求恩在西班牙时的翻译）："白求恩似乎不知疲倦为何物。他对别人不耐烦，要求高，然而他首先对自己这样。当他要完成某项任务时，不管需要多长时间，他从不称倦。他以意志控制体力。"

罗德里克·斯图尔特（加拿大多伦多大学教授）："他是一个自立的人，按照一己的信念，毫不畏惧地行动，不管反对他的人势力多大。这是他在短促、艰险而成绩斐然的一生中所严格遵守的哲理。"

温德尔·麦克劳德（白求恩三十年代同事）："我常爱把诺尔曼·白求恩的生平比作一株历劫偶存的树苗，在移植到了一个崭新的环境之后，终于长成为花果纷披的参天大树，简直就像一曲神话。相熟的人总是把这树看作'美丽的象征——永恒的喜悦'而长留胸臆。"

林达光（加拿大麦吉尔大学教授）："白求恩是以医生为天职的。但他是一个最擅于以精湛严格的技术向人类自由、尊严、公正之敌作斗争，向人类生命之敌作斗争的医生。"

珍妮特·康乃尔（白求恩的外甥女）："作为一个伟大的人道主义者，他的一生将永远铭记在我们心中。他为理想而献身的精神，是我辈后继者的榜样。他在医学问题上时常持有异于传统观念的见解，这些思想不免使他的许多同事为之侧目。但时日推移，在绝大多数问题上都证实了他的思想实在大大超越了他所处的时代。"

路易·艾黎（新西兰作家）："诺尔曼·白求恩是一位新型国际主义事业

的先行者，这种国际主义仍然是今天世界上所痛切渴望的。"

# 第三节　白求恩精神的历史经验

## 一、白求恩精神必须与马克思主义中国化的进程相结合

　　白求恩精神是马克思主义中国化进程中的一面旗帜，融入了中华民族的血液当中，是中华民族优秀文化和崇尚的道德品质的生动体现。马克思主义中国化，是将马克思主义普遍真理和中国的具体实际相结合的理论成果。"作为一种外来的革命思想，马克思主义在中国这块土壤上生根、开花、结果的过程，必然是一个不断中国化的过程。"①大多学者认为马克思主义中国化是中国历史发展的必然结果。"马克思主义作为在欧洲滋生和发展起来的关于社会发展的科学理论，之所以能为近代以后的中国社会和被民族所接受并实现本土化，首先在于马克思主义理论自身的本质要求，再加上中国当时救亡图存的历史任务需要一种崭新的理论武器。"②马克思主义中国化，在本质上保留了马克思主义真理的原则、方法和内容，又深深地打上了中国自身的烙印。白求恩精神作为中国共产党历史发展过程中始终推崇的精神，是马克思主义中国化理论的一部分，有着丰富的内涵和现实意义。

　　国际共产主义精神是白求恩精神的灵魂。马克思主义自诞生之日起便是为了整个无产阶级的解放，为全人类的解放而奋斗的理论体系。白求恩精神内在包涵了伟大的国际主义精神、为共产主义献身精神，作为党领导人民革命、建设和改革过程中的宝贵精神财产，发挥了重大的思想引领和道德模范作用。《共产党宣言》指出："如果不就内容而就形式来说，无产阶级反对资产阶级的斗争首先是一国范围内的斗争，每一个国家的无产阶级当然首先应该打倒本国的资产阶级共产党人的最近目的是和其他一切无产阶级政党的最近目的是一样的，无产阶

---

①　杨奎松. 马克思主义中国化的历史过程[J]. 近代史研究, 1994（4）：25.

②　李国兴，邓坤金. 关于马克思主义中国化研究的一些思考[J]. 马克思主义研究, 2007（12）：69.

级形成为阶级，推翻资产阶级的统治，由无产阶级夺取政权。"[1]白求恩无私奉献的国际共产主义精神完美诠释了《共产党宣言》的题中之义：全世界无产阶级联合起来，为建立共产主义新世界而奋斗。白求恩在《肺结核治疗宜趁早》一文中犀利地揭示出贫穷是肺结核的根源，处在北美大萧条之际，整个社会的极度贫困让白求恩感到伤感无奈，穷人享受不到医疗救助，深知医术解决不了贫穷的问题。他毅然呼吁建立全民医疗福利体系，不惜放弃自己的所有待遇，尽显其毫不利己之心。后期他将苏联"社会主义医疗制度"总结成文，向全国各地传播，以求在最大程度上解决人民的困境。他强烈要求解决人民医疗问题的呼声，体现了他作为一名加拿大共产党员，愿意为共产主义事业献身的决心。马克思主义的终极目标和根本追求就是要实现共产主义，谋求全人类的解放，致力于实现每个人自由而全面的发展。这一目标与白求恩努力改变穷人贫穷境地，为理想不懈奋斗终生，为共产主义革命献身的精神相契合。从这一点上讲，白求恩精神印证了共产主义的理想追求，是马克思主义的具体体现。白求恩精神是中国革命时期形成的优秀精神文化，成为共产主义战士的榜样，将为推动人类解放事业作出巨大贡献，成为延续共产主义精神的标准精神配置。

白求恩精神在中国化马克思主义理论成果形成过程中有着极大贡献。第一是白求恩在抗日战争中对中国的支持和援助，第二是白求恩留给我们的精神财富，即白求恩精神，成为中国人民的道德榜样和精神标杆。白求恩在到达延安根据地时，目睹了当时中国极差的医疗条件和紧迫的战争环境，主动要求到前线去，他曾讲道："因为日本人残杀中国人民，我才要求到中国来的，这儿对我是最有用的地方。"[2]援助中国人民的反法西斯战争和民族解放事业是他来中国的初衷和信念。在战地，他主动献血给急需救助的战士，深情地对将士们说："前方将士为国家为民族流血牺牲，我们献出一点血有什么不应该！希望你好好养伤，早日恢复健康，再回到前线来消灭敌人。"[3]白求恩在支援西班牙人民之行和援助中国抗日战争都淋漓尽致地体现着他身上毫不利己，为人民幸福，民族独立所付出的辛勤和血泪，尽显了他伟大的国际共产主义精神。另一方面，白求恩精神是中国革命的精神象征，他坚定的反法西斯的决心和共产主义信仰，成为无

---

① 马克思恩格斯选集（第一卷）[M]. 北京：人民出版社，1995：283—285.

② 顾炳枢. 与白求恩共事的那些日子[J]. 国际人才交流，2001（9）：35.

③ 顾炳枢. 我与白求恩共事[J]. 文史天地，2003（10）：28.

数中国人民抗战的精神力量，指引着中国人民在坚决斗争中实现民族独立和人民解放。同时白求恩也获得了中国人民的爱戴和尊敬，他的精神是我们艰难中不断前进的指引，也是内心始终秉持的理想信念。

在战火不断的年代，他尽职尽责的工作态度和精益求精的职业精神，也成为一面旗帜，永不过时地引领每个人学习和实践这种可贵的道德品质。

### 二、白求恩精神必须与时代发展相结合

任何一种精神文化在不同的历史阶段都有其特殊性。白求恩精神其内容和实质在历史的发展过程中，随之发生变化。这种变化，既是外部社会历史环境条件使然，也与白求恩精神自身的延展性和开放性密切相关。在一定的社会历史条件和时代的发展的催化下，白求恩精神的内涵和内容也不断地丰富化和具体化。因此，白求恩精神在中国不同的发展阶段，包括民主革命阶段、社会主义建设时期和改革开放时期其精神内涵和价值都添加了很多内容，使白求恩精神持续焕发新的生命力。

时代发展中的白求恩精神在不同阶段的价值，鲜明地体现在历代领导人对白求恩精神的传承给予的重视。毛泽东发表的《纪念白求恩》记述了白求恩精神包含着伟大的"国际主义精神""共产主义者精神""毫不利己专门利人的精神"，这些精神是战争年代白求恩留给战士们的精神财富，体现着共产主义者应有的精神品质，为战火中的中国提供了精神武器。1979年邓小平发出"做白求恩式的革命者，做白求恩式的科学家"的号召，全党全国积极响应号召。江泽民在党的会议上重点强调，要做毛主席倡导的"五种人"，要求领导干部要学习白求恩毫不利己专门利人的精神，并在1997年亲自题词"继承和发扬白求恩精神，全心全意为人民服务"。胡锦涛发出"我们不会忘记不远万里前来中国救死扶伤并献出宝贵生命的白求恩大夫"的历史性感叹。中国特色社会主义进入新时代，习近平总书记以普通党员身份参加了所在党支部的专题组织生活会中再次庄严号召学习白求恩精神，在会中他讲道："希望大家做一个脱离低级趣味的人、高尚的人。同志们现在从事的是一项崇高的事业，在这里工作，升官发财请走别路，贪生怕死莫入此门。榜样是谁呢？张思德、白求恩、焦裕禄、麦贤得，有历史的楷模，也有时代的楷模。"白求恩精神已成为中华民族精神的重要组成部分，在不

同的时代赋予新的针对性和时代性，激励着一代代中国人，涌现出一大批白求恩式的英雄人物。

显而易见，白求恩精神于每个发展阶段，都与当时的历史条件和社会现实相结合，被赋予浓重的时代特色。当前，我国进入中国特色社会主义新时代，应牢牢把握经济建设这个中心的同时，注重民族精神和时代精神的建设，力求将白求恩精神与中国特色社会主义实践相结合，与实现中华民族伟大复兴的中国梦相结合，在新形势下将白求恩精神发扬光大。

无疑白求恩精神是中华民族精神的重要组成部分，新时代的白求恩精神应被赋予道德意义上的榜样地位，被当作社会主义核心价值观的生动诠释。使白求恩成为全社会学习的楷模，打破传统意义上其作为医务技术人员对中国革命所做的贡献，加强其道德内涵的挖掘和正确三观（世界观，人生观，价值观）的价值实用性，使白求恩精神成为思想道德建设的重要内容，有利于使白求恩精神成为公民思想文化建设和道德建设中的道德方向标和价值指路石。

### 三、白求恩精神必须与中国现实相结合

理论与实践相结合，最根本的是要将白求恩精神落实到结合中国现实，解决中国问题。白求恩精神的内涵十分丰富，它包括政治信念、人生理想、价值观念、道德规范、文化素养、思想作风等方面。我们要真正弄清白求恩精神的实质和内涵，将白求恩精神落实到解决怎么做的问题上去，使理论密切联系实际，让白求恩精神进入思想，进入工作，进而指导实践，具体联系各项工作实际，一步一个脚印地把白求恩精神落到实处。

发扬白求恩精神，坚定共产主义理想信念。白求恩是共产主义者和人道主义者的光辉写照，他的生命交融于共产主义理想信念，"为全人类解放而奋斗"是他革命生涯的总结和始终坚守的信念。习近平总书记指出："我们党从成立起就把为共产主义、社会主义而奋斗确定为自己的纲领，坚定共产主义远大理想和中国特色社会主义共同理想，不断把为崇高理想奋斗的伟大实践推向前进。"[①]目前部分党员存在共产主义信仰缺失、为人民服务意识淡薄等问题，导致出现一

---

① 中共中央出版社编写组. 信仰的力量[M]. 北京: 中共中央党校, 2016: 5.

些消极腐败现象。发扬白求恩精神，有助于人们培育共产主义信仰之魂，肃清腐败之风，洗涤政治灵魂。白求恩在革命的艰苦环境下，始终不忘为人类解放事业而奋斗的初心，杜绝特殊化和一切享乐主义。在革命根据地，聂荣臻担心白求恩身体吃不消，为他准备了白面等食物，白求恩拒绝特殊待遇，与战士们同吃同住。白求恩奋不顾身地为伤员手术，批评一切消极懈怠、不负责任的工作态度，为人民、为伤员的工作作风和服务意识，为整个战区树立了榜样。白求恩身上全心全意为人民服务的高尚品格和坚定的共产主义理想信念，为党风建设提供了指向标，为党员树立了学习榜样。学习和弘扬白求恩精神，要与党员和人民实际相结合，夯实全党和人民共产主义理想信念的基石。

发扬白求恩精神，改良社会风气。白求恩精神体现了社会主义核心价值观的内在要求，包含着中国特色社会主义的"精气神"，对于促进良好社会风气的形成有着重要的导向作用。淡泊名利、无私奉献精神是白求恩精神鲜明的特点和本色，也是党和人民始终崇尚的高贵品质。社会发展的过程中出现了个人主义、拜金主义、享乐主义等不正之风，部分人以牺牲集体利益换取个人利益，经受不住金钱和物质的考验，表现出利欲熏心、贪污受贿、荣耻颠倒等现象，全然不顾人民和集体利益，毫无无私奉献精神。白求恩精神是在为人民谋解放的反法西斯战争中形成的，白求恩始终坚守马克思主义立场，"为人民服务"贯穿于他的整个革命生涯。因此，发扬白求恩精神，要学习他"捧着一颗心来，走的时候不带走半颗草"的奉献精神，坚持以人民为中心的价值旨归，始终为了人民、依靠人民、为人民服务，塑造社会各行各业良好的风气，促进社会的和谐稳定发展和良好社会风气的营造完善。

发扬白求恩精神，引领新时代医德医风。白求恩曾讲道："让我们给医疗道德下个定义——不是作为医生之间职业上的一个陈规陋习，而是医学和人民之间的基本道德和正义准则。"[①]白求恩作为国际援华医生，他用生命生动地诠释了毫不利己专门利人的高尚医德和精益求精的职业道德。改革开放以来，受多元价值观的影响，医务领域出现了忽视服务、贪污受贿、责任淡化等不正之风。学习白求恩精神，使白求恩精神成为调节医患关系、提高医疗质量、提升医德医风和稳定社会关系的精神基点。

---

① 张雁灵，戴旭光.白求恩[M].北京:军事科学出版社,2003:146.

## 四、白求恩精神必须与面向群众相结合

人民性是白求恩精神的内在特质，白求恩一心救死扶伤，心系人民安危，致力于人民的解放事业，赢得了中国人民的爱戴和敬仰。白求恩在革命生涯中始终坚持群众路线，学习白求恩精神要与面向群众相结合。马克思主义始终强调人民群众在历史发展进程中的主体地位和推动历史发展的主动力作用，同时注重尊重群众、相信群众才能赢得群众，从而推动社会历史的发展。白求恩精神发挥作用要依靠千百万群众的学习与践行。

把握人民群众的精神需求。精神文化的根基在群众，只有抓好群众的精神需求，落实到人民群众的实际生活，才能使人民群众真正内化于心，真正学习和践行白求恩精神。随着经济的发展，人民群众的物质生活水平逐渐提高，伴随产生对于思想文化等精神层面的需求越来越多。掌握人民群众的精神需求是落实白求恩精神的前提，精神的弘扬要贴合群众思想，才能为群众所接受和喜欢。

依托人民群众的工作路线。学习与弘扬白求恩精神，离不开人民群众对白求恩精神的理解和传播，最终要落实到服务人民群众。白求恩精神的宣传要立足树立人民群众的奉献意识、创新意识、理想信念意识等。因此将白求恩精神落实到群众当中，将思想文化通过广大人民群众的学习得以弘扬，需要我们在宣传思想文化中坚持文化物质精神相统一，使精神文化惠及人民群众。同时动员人民群众将白求恩精神宣传出去，调动人民的积极性和创造性。在满足人民群众精神文化需求的同时，引导广大人民树立正确的世界观、人生观和价值观。

汲取人民群众思想智慧。"优秀的思想文化不可能一成不变。"[1]学习白求恩精神的受众群众是广大人民，因此需要汲取人民群众的建议和智慧，保障人民群众的精神积极性，不断丰富和发展白求恩精神。一方面丰富白求恩精神的内容，另一方面使人民群众对精神产生更高的认同感和归属感。人民群众是创造精神产品的力量源泉，理论一旦被群众掌握，就会迸发强大的力量。发挥白求恩精神的作用要面向群众、服务群众，应贯穿人民群众的日常生活，覆盖他们的活动领域。在群众的日常生活中，改变他们的思想观念、道德观点和思维方式等，激

---

① 王华蓉. 在服务群众中创新宣传思想文化工作[J]. 四川党的建设（城市版），2014（6）：58.

发群众智慧，创造更多优秀的精神产品。

尊重人民群众的主体地位，要坚持教育与自我教育相结合。教育和引导能够使人们在思想上产生认同，但不能只依赖教育和引导，还要注重发挥人民群众的主观能动作用。需要人民群众用自己的感官去接受，主动吸收白求恩精神的思想精髓，并自觉将其外化为实际行动，指导工作实践，只有这样才能真正使得学习白求恩精神取得有效成果。要引导群众将学习内容内化为自我要求，将他律转化为自律，启发群众的主动性、自觉性和自我教育意识，引导人们开展自我教育。真正做到教育与自我教育相结合，才能使得学习践行白求恩精神活动长期坚持下去。这样，白求恩精神才能真正根植于广大人民群众中，成为构筑社会主义精神文明大厦的重要支柱。

## 五、白求恩精神必须与喜闻乐见的传播方式相结合

积极探索传播方式方法创新，坚持渗透与灌输相结合。各级领导干部与理论工作者通常以灌输的形式对白求恩同志事迹的介绍宣传，对白求恩精神进行组织学习和总结概括，这样的确可以达到一定的教育效果。但在新的历史时期，我们更要在重视理论灌输的前提下，积极探索新形式、新方法。同时适时发挥渗透作用，通过发展红色旅游、举办艺术活动、开发网络平台等喜闻乐见的形式，发挥示范感染、激励引导、潜移默化的作用，调动广大人民群众弘扬白求恩精神、践行白求恩精神的自觉能动性，激发他们最大限度地学习热忱，避免单调、枯燥的理论说教，真正使得学习践行白求恩精神活动具有感染力、吸引力和号召力。

开发红色旅游，宣传白求恩精神。现存许多白求恩革命旧址，如白求恩故居、白求恩纪念馆、白求恩模范病室旧址、白求恩手术室旧址等等。革命旧址教育，不仅能够成为人们学习白求恩精神的生动课堂，而且也是弘扬革命精神的重要阵地。红色旅游以其生动形象的感染力，实现了白求恩精神与人民群众生活的融合，助力白求恩精神在人民群众中真正实现入耳入脑入心。开发白求恩红色旅游，还可通过讲红色故事、唱红色歌曲、体验红色事件等等方式，深入浅出地教育人民群众。

举办相关艺术活动，弘扬白求恩精神。通过举办白求恩精神大型展览会，以丰富的历史材料和展品，记录和展现白求恩精神的源起和发展过程。也可通过

举办音乐会，以或慷慨激昂或悲壮伤感的红色歌曲，激发人们的真情实感，感受白求恩精神的壮烈和伟大。还可排演白求恩话剧，再现清晰完整的白求恩生动事迹，使人们更加真实地体会白求恩精神，从而践行白求恩精神。

运用网络媒体，宣扬白求恩精神。伴随时代的进步和发展，网络充斥于人们日常生活的每个角落。网络媒体以其广泛性、快速性、交互性等特点，为学习白求恩精神带来新的契机。充分利用互联网资源，学习和传播白求恩精神。可开发白求恩精神主题网站和客户端，开展网络竞赛活动，还可利用微博、微信、QQ等即时通信工具，传播白求恩精神，将白求恩精神渗透于人民群众的网络生活，提升学习白求恩精神的连续性。

传播方式是否合适直接影响人民群众对白求恩精神的理解和接受程度，因此，要采取人民喜闻乐见的传播方式使白求恩精神融入人民群众的日常生活。人民群众主要基于自身生活经验理解和认同理论，白求恩精神是白求恩事迹的概括表达，囿于文化水平的限制，许多群众难以高度理解白求恩精神的内涵和实质，需要采取贴近人民群众生活和乐于接受的方式，叙说和展现白求恩精神，以鲜活的载体匹配多数群众的认知方式和理论水平，从而使人民群众构建自身与白求恩的联系，说服他们认同白求恩精神，推动真正面向人民群众弘扬和传播白求恩精神。

## 六、白求恩精神必须处理好一元与多元、小众与大众的关系

改革开放以来，人们一度从思想的保守状态进入多种主义混乱并存的状态，冲击着主流价值观的发展。处理好一元与多元的关系，有助于白求恩精神应对文化发展面临的多方面问题，发挥文化人的凝聚作用，坚守正确的文化发展方向。在发展社会主义文化和提升人民精神水平方面，需要包容多元文化和规整价值观并行，有效处理一元与多元的关系，在加强主流价值观话语权的前提下，促进多元文化融入主流文化价值观。发扬白求恩精神要关注一元主导和多元并存的关系。具体来说，要明确社会主义核心价值观在社会发展中的主导地位，同时，要与时俱进地为社会思想文化不断赋予新的时代内涵和意义。通过白求恩精神为核心价值观注入新的活力，为核心价值观的普及提供保障。

白求恩精神蕴含着丰富的内涵，不仅受用于广大人民群众，而且逐渐成为

社会各领域的精神引领。发扬白求恩精神要处理好大众与小众的关系，要从"小众"走向"大众"。白求恩精神源于医疗精神，白求恩身上蕴藏着医者仁心、医者敬业、医者无私等职业精神，展现了医务工作者的精神风骨和精神风貌，是医德医风建设的精神引领。以白求恩精神为引领，铸牢医务人员的共产主义理想信念，强化医务人员敬业奉献的价值共识，夯实医务人员精益求精的医学精神，不断整顿医德医风满足人们对于美好生活的追求。白求恩精神走向"大众"，需要医务领域的每个工作者"小众"静心坚守，更需要全社会"大众"的重视与践行。白求恩身上伟大的国际共产主义精神、无私奉献的毫不利己专门利人精神、对工作极端负责的敬业精神以及对科学技术的精益求精精神，体现着社会主义核心价值观的要求，必然感染和吸引人民群众，促进白求恩精神大众化。

此外，对白求恩精神的研究与推广，要加强国际国内相关领域合作与交流。白求恩作为一名加拿大共产党员，具有放眼全球的远大眼光、为人类正义和平而斗争的坚定立场，以及为人民无私奉献的高尚道德情操，他为人类和平进步事业贡献了自己毕生的力量。因此白求恩精神不仅是医疗领域应该广泛学习的，也是中华民族优秀文化的重要组成部分，更是全人类共同拥有的宝贵精神财富。学习和弘扬白求恩精神，应该加强国际国内相关领域的合作与交流，研究和推广白求恩精神，共同合作应对国际国内突发医疗卫生事件，共同关注医学职业道德，并通过参加维和、救灾等，将中国人民践行和倡导的白求恩精神向世界昭示，真正地做白求恩式的优秀人才和正义使者。

# 第三章 白求恩精神的时代化研究

任何一种思想理论都会打上时代的烙印，但只有随着时代的发展而不断革新的理论，才能够回答新的时代提出的新问题。正如恩格斯所说："每一个时代的理论思维，包括我们时代的理论思维，都是一种历史的产物，它在不同的时代具有完全不同的形式，同时具有完全不同的内容。"①白求恩精神充分体现了思想理论的这种时代化特性。白求恩精神产生于半殖民地、半封建社会的旧中国，当时中国社会的主要矛盾是救亡图存，进行伟大的抗日战争。中国共产党领导全民族抗战，谋求民族独立和中华民族的伟大复兴。正是在这样的历史背景和时代坐标下，形成了宝贵的延安精神，在这种精神指引下取得了新民主主义革命的彻底胜利。白求恩精神是延安精神的重要组成部分，产生于革命战争年代，并在不同历史时期为中国人民的革命、建设和发展提供了丰厚的精神滋养。但时代在变化，时代所面临的矛盾和挑战也在变化。党的十九大报告明确指出："经过长期努力，中国特色社会主义进入了新时代，这是我国发展新的历史方位。"坚持和发展中国特色社会主义是新时代的主题。新时代催生了新的命题，在八十年前革命战争中产生的白求恩精神，在当下还有现实意义吗？对这个问题必须给予明确的回答。新时代需要白求恩精神，同时也为白求恩精神时代化提供了新的价值坐标，从而在白求恩精神原初样态的基础上以及历史演进的嬗变中，赋予了白求恩精神新的内涵，为中国人民步入新时代，踏上新征程，干出新作为，注入新能量。

---

① 中共中央编译局. 马克思恩格斯选集（第4卷）[M]. 北京：人民出版社，1995：284.

# 第一节　新时代呼唤白求恩精神

坚持和发展中国特色社会主义是改革开放以来党的全部理论和实践的主题，是新时代中国发展进步的根本方向。办好中国的事情，关键在党。坚持和发展中国特色社会主义，必须以习近平新时代中国特色社会主义思想为指引，坚持党要管党，全面从严治党，坚定不移地把党建设得更为坚强有力。全面从严治党，坚定党的理想信仰是根基，理想信念需要鲜明旗帜的引领。新时代坚持和发展社会主义，就必须坚定文化自信，增强文化自觉，以文化人，铸魂育人，建设社会主义文化强国，提高国家软实力。新时代坚持和发展中国特色社会主义，就必须坚持以人民为中心的根本立场，不断在发展中保障和改善民生，建设健康中国是其中基础性、标志性工程。健康中国离不开医学的发展，医学的发展离不开医学人文精神。白求恩是伟大的共产主义战士，是理想信仰的一面旗帜；白求恩精神家喻户晓，已成为中国特有的文化符号；白求恩是医务工作者的典范，白求恩精神是医学职业精神的圭臬。因此，新时代需要白求恩精神，新时代呼唤白求恩精神。

## 一、新时代全面从严治党需要白求恩精神

党的十八大以来，以习近平同志为核心的党中央逐步形成了"四个全面"的战略布局。全面从严治党的核心内容是全面推进党的政治、思想、组织、作风和纪律建设，把制度建设贯穿其中，弘扬白求恩精神对于全面从严治党有重要的现实意义。

1.白求恩精神有助于加强党的政治建设

全面从严治党是抓全局，在全局中还必须抓住重点，就是要把党的政治建设摆在首位。加强党的政治建设根本在于坚决维护习近平总书记党中央的核心、全党的核心地位，坚决维护党中央权威和集中统一领导。牢固树立"四个意识"，是党员干部自觉做到"两个维护"的重要思想基础，又是党员干部的政治

本色。"两个维护""四个意识"、政治本色在本质上是一致的，有着内在的逻辑关系，三者统一于对党忠诚、为民造福。对党忠诚，永不叛党，是党章对党员的基本要求。对党忠诚，必须像习近平总书记指出的那样："任何时候任何情况下都以党的旗帜为旗帜、以党的方向为方向、以党的意志为意志。"党的十八大以来被查处的高级领导干部，绝大多数是经济腐败和政治问题相互交织，根本在于对党不忠诚。为民造福，全心全意为人民服务，是中国共产党的政治初心和根本宗旨。中国共产党创立以来，经历了各种艰难困苦的考验，带领中国人民走向伟大的复兴之路，最根本的就在于始终牢记为人民谋幸福，为民族谋复兴的政治初心，始终坚守以人民为中心的政治宗旨。白求恩始终对党忠诚。白求恩1935年加入共产党，1939年去世，他的党龄并不长，但他始终对党忠诚，至死不渝。他受加拿大共产党的派遣，以党员的身份援华抗战，直到去世，仍然牢记是一名党员。白求恩始终为民造福。白求恩在加拿大开诊所为穷苦民众服务，在中国抗战前线，不仅救治八路军战士，也为当地百姓解除病痛。对此，白求恩战斗过的河北唐县百姓至今念念不忘。白求恩曾谈道："不仅是为了挽救今日的中国，而且是为实现明天的伟大、自由、没有阶级压迫的新中国。"[①]这恰恰体现了他为中国人民谋幸福的初心。白求恩对党忠诚、为民造福，这种精神对于加强党的政治建设仍有借鉴意义。

2.白求恩精神有助于加强党的思想建设

理想信念是全面加强党的建设的根基，是我们党始终以人民中心，得到人民拥护的根本政治立场，是我们党始终保持先进性、纯洁性的根本政治保证。中国共产党从无到有，从小到大，从弱到强，靠的就是千千万万共产党员坚定的理想信念。有了这样的信念才能完成二万五千里长征，有了这样的信念才能打赢十四年抗战，有了这样的信念才能建立新中国，有了这样的信念中国才能从站起来到富起来，又走向强起来。但历史同样证明，基础不牢，地动山摇。强大的苏联是世界上第一个社会主义国家，创造了诸多辉煌，但却突然垮掉，原因是多方面的，但究其根本，是由于很多党员失去了共产主义信仰。习近平总书记强调指出："理想信念动摇是最危险的动摇，理想信念滑坡是最危险的滑坡。"从众多党员干部违纪违法的案例来看，不论是"大老虎"，还是"小苍蝇"，一

---

① 中国青年出版社编辑. 伟大的国际主义战士白求恩[M]. 北京: 中国青年出版社, 1965.

个共同的原因就是理想信念弱化了、动摇了 。因此，全面从严治党首要任务就是必须解决好党员干部理想信念问题。加强理想信念教育，必须充分发挥榜样的作用，通过榜样为全体党员干部做好表率。白求恩就是坚定理想信念的一面鲜明的旗帜。作为一名医生，白求恩冒着生命危险完成了人类史上的一次远征。他从北美到西班牙，从西班牙到中国抗战前线，有人说白求恩几乎爱上了死亡。白求恩之所以能做到这些，最根本的就在于有坚定的共产主义信仰。全面从严治党，党员干部必须坚定理想信念，补足精神上的"钙"，白求恩精神就是这样的"钙"，历经八十载风雨不曾变质，更显得弥足珍贵。

### 3.白求恩精神有助于加强党的组织建设

全面从严治党，就必须坚持党要管党，把党组织建设得更加坚强有力。党的干部是党和国家事业的中坚力量，正确的路线确定之后，干部就是决定因素。因此，加强党的组织建设，首要的就是加强党的干部队伍建设。建设高素质专业化干部队伍，必须坚持德才兼备。党的十九大报告指出："坚持德才兼备、以德为先，坚持五湖四海、任人唯贤，坚持事业为上、公道正派，把好干部标准落到实处。"白求恩毫不利己、专门利人，对同志满腔热忱，真正做到了以德为先。他是道德楷模，至今仍是党员干部学习的榜样。2014年7月，中共中央组织部印发《关于在干部教育培训中加强理想信念和道德品行教育的通知》，重提做白求恩式的"五种人"，指出开展道德品行教育，关键是要引导干部明大德、守公德，成为一个高尚的人、一个纯粹的人、一个有道德的人、一个脱离了低级趣味的人、一个有益于人民的人。这"五种人"是对于白求恩人格德行的经典诠释，是白求恩精神的重要组成部分。白求恩对技术精益求精，以手术刀为武器，是专业能力和专业精神的完美结合，是德才兼备的典范。建设高素质专业化干部队伍，必须坚持培养锻炼。选好用好干部的前提是培养好干部。培养干部必须注重在基层一线和困难艰苦的地方培养锻炼。古人讲"玉汝于成"，"宰相必起于州部，猛将必发于卒伍"，都是强调艰苦环境磨炼和基层实践对人成长的重要性。白求恩精神之花之所以绚烂，正是由于白求恩自身坚定信仰和精神追求的根苗在艰苦的抗战前线得以绽放。白求恩放弃了优越的生活条件，与八路军战士同吃、同住，同样冒着生命危险战斗在一线，也正因如此，成就了白求恩精神。这也是新时代培养优秀干部的必由之路。建设高素质专业化干部队伍，必须坚持聚天下英才而用之。这是我们党一以贯之的人才政策。毛泽东在延安时期曾登顶凤凰山，引用吹箫引凤的典故，表示中国共产党要在山沟里引来金凤凰。正是我们党始终追求马克思主义真理，为人民谋幸福，为民族复兴，才引来了万里之外白求恩这样的凤凰。在新时代，为实现中华民族伟大复兴的中国梦，更需要以识才的慧眼、爱才的诚意、用才的胆识、容才的雅量，聚天下英才而用之。

4.白求恩精神有助于加强党的作风建设

党的十八大以来，党中央以贯彻落实中央八项规定为突破口，持之以恒正风肃纪，全面加强党的作风建设，党风政风民风有了根本性转变。正风与肃纪是辩证统一的关系，二者各有侧重，统一于加强党的作风建设。正风之本在于正心，心正方能行得正，走得端。通过加强正面教育，形成不想腐的政治生态；肃纪侧重加强纪律惩戒，强调形成不敢腐的政治生态。反腐倡廉，重在预防。加强对党员干部的正面教育是预防腐败的重要途径之一，这其中的重要举措就是树立道德高线，形成示范效应。党的十八大以来，我们党开展了一系列教育实践活动，一个重要目的就是要以这些活动为载体，加强党的作风建设，即持续正风。在这些活动中，白求恩精神都能在不同程度上注入正能量。党的群众路线教育实践活动，从根本上讲，就是要求全体党员干部从内心深处真正树立起全心全意为人民服务的宗旨意识，密切与广大群众的血肉联系，真正为群众排忧解难。白求恩到延安后，有关负责人本想将他安排在延安医院工作，但他坚决要去前线工作。到了前线后，他又提出就近医疗原则，最大限度靠近作战的战士，挽救他们的生命。这是真正深入群众一线，想群众之所想，急群众之所需，密切党同人民血肉联系的生动实践。白求恩精神与"三严三实"的要求更是高度契合。白求恩对医疗工作的业务要求是极其严格的，有时甚至苛刻，可以说是对工作极端地负责任。白求恩曾看到一名护士给伤员换药，发现药瓶里装的药与药瓶上标签名称不一致，他严肃批评了那个护士，教育她如果药用错了，做事马虎，会出人命的。白求恩对自己的生活要求也是严格的，拒绝搞特殊。比如八路军军事委员会曾要求给白求恩每月100元薪金，当他得知当时八路军高级指挥员每月的工资也仅只有几元钱时，便表明自己不能搞特殊化，把每月的100元钱全部用来改善八路军的医疗条件。

## 二、新时代建设社会主义文化强国需要白求恩精神

文化是一个国家、一个民族的灵魂。"文化"一词古已有之，《周易·贲卦·象传上》讲："文明以止，人文也。观乎天文，以察时变。观乎人文，以化成天下。"①古人认为通过观察人文，推行礼乐制度，可以达到教化天下的目的。这其中已经突显了文化的教育与引导作用。我们党历来重视文化建设，党的十八大以来，更是将文化建设提高到治国理政的战略高度。党的十九大报告指出："没有高度的文化自信，没有文化的繁荣兴盛，就没有中华民族伟大复兴。"新时代社会主义文化强国建设要牢牢掌握意识形态工作领导权、培育和践行社会主义核心价值观、加强思想道德建设、繁荣发展社会主义文艺以及推动文化事业和文化产业发展，这五大举措可以构成一个文化建设方略的三层同心圆。最内层的圆是意识形态，它决定着文化性质和方向；中间圆是核心价值观和思想道德，它们是意识形态的集中价值表达；最外层的圆是文艺和文化事业，可以视为意识形态的具体表现方式。在这三层同心圆中，意识形态、核心价值观、思想道德处于核心圈，是建设社会主义文化强国的关键所在。白求恩精神虽然已历经八十载的风雨洗礼与沉积，但它已成为我国一个独特的文化符号，其精神实质已经熔铸于意识形态、核心价值观、思想道德等文化核心要素，对于加强中国特色社会主义文化建设仍有现实的促进作用。新时代弘扬白求恩精神，有助于坚定文化自信，有助于推动中国特色社会主义文化深入人心。

### 1.白求恩精神有助于加强意识形态工作

意识形态在党和国家的政治生活中起着至关重要的作用。它决定着我们党和国家举什么样的旗，走什么样的路等根本性、方向性问题。党的十八大以来，全面加强马克思主义的指导地位，牢牢掌握了意识形态的领导权，但非马克思主义的思想意识尚未完全根除，"思想舆论领域存在红色、黑色、灰色'三个地带'。"②针对意识形态领域这三种不同情况，白求恩精神都是强有力的思想武器。

---

① （清）李光地.周易折中[M].北京：九州出版社，2002：361.

② 中共中央宣传部.习近平新时代中国特色社会主义思想三十讲[M].北京：学习出版社，2018：219.

白求恩精神有益于捍卫红色地带。红色地带是由正能量构成的主阵地，是党领导人民在革命、建设、改革各个时期形成的。捍卫红色地带必须以马克思主义为指导，坚定共产主义理想信念，树牢"四个意识"，坚定"四个自信"，做到"两个维护"。白求恩精神是飘扬在主阵地的一面鲜明的旗帜，它诞生于革命烽火中，激励着无数的共产党人为革命抛头颅、洒热血，成为中国共产党人红色基因的重要组成部分。白求恩精神旗帜八十载屹立不倒，不仅由于白求恩对技术精益求精，对同志满腔热忱，同时还有一个重要原因，就是它的红色基因，对红色阵地的执着坚守，并通过一代又一代的薪火相传，为红色阵地涂抹上了鲜亮底色。

白求恩精神有益于回击黑色地带。相对于红色地带，黑色地带是非马克思主义的、负面的东西。黑色地带严重影响着国家的政治安全、文化安全，必须坚决给予回击，不断压缩其地盘。欲灭其国，先去其史。近年来，我们时常看到抹黑历史人物的现象，其本质是打着所谓的"还原历史真相"鼓吹历史虚无主义，并通过抹杀中国的历史、中国共产党的历史来否定中国革命的必然性，否定中国人民选择共产党、选择马克思主义、选择社会主义道路和改革开放的必然性。针对白求恩精神，也有一些言论甚嚣尘上，有的人认为白求恩精神过时了，它产生于革命战争时期，与当下不相适应了；有的人认为白求恩精神超前了，这种精神境界要求太高了，难以做到。很显然，这些认识都是错误的。白求恩坚定的理想信念、精益求精的技术以及高尚的道德情操，在今天仍然有强大生命力。作为榜样，白求恩精神始终是人们追求的目标，而且在特定条件下，无数党员干部在各自岗位上已经和正在践行这种精神。

白求恩精神有益于吸引灰色地带。灰色地带介于红色和黑色地带之间，是必须争取的部分。应主动采取有效措施，吸引灰色地带，防止其向黑色地带转化，使其转化为红色地带。弘扬白求恩精神是吸引灰色地带的重要途径和有效手段之一。自毛泽东同志的《纪念白求恩》发表以来，宣传白求恩事迹的文学作品、影视作品层出不穷，白求恩精神已飞入寻常百姓家。人们心中埋下的白求恩精神的种子，一旦遇到相应的环境条件就会发芽、开花、结果，这种情况在2008年汶川抗震救灾前线得到生动的展现。大震之后，大批医疗队以白求恩志愿者的形象出现在救灾现场。他们冒着余震不断的生命危险，用精湛的医术为受伤的群众解除伤痛。就是在这样生死考验的关键时刻，一批又一批医务工作者提出了入党申请，成为共产党员，白求恩精神在这里焕发出新的生命活力。

2.白求恩精神有助于培育和践行社会主义核心价值观

价值是意识形态的重要组成要素，是规定意识形态的尺度和原则。价值具有规定性，它为信仰提供了规则和标准，进而决定了意识形态的尺度和原则。价值具有中介性，信仰是最终极的理想和信念，价值则实现了信仰向现实的转化。价值具有多元性，它的主体可以是个人，也可以是特定利益集团，不同的个人和集团的价值可能并不相同。价值具有时代性，在不同的历史时期，都会有不同的价值追求。正因如此，一个社会、一个国家，会将多元的价值取向进行整合，形成最大公约数，从而将主流意识形态的原则、尺度与广大民众普遍利益诉求相结合，形成核心价值观。社会主义核心价值观是社会主义核心价值体系的内核。党的十九大报告指出："社会主义核心价值观是当代中国精神的集中体现，凝结着全体人民共同的价值追求。要以培养担当民族复兴大任的时代新人为着眼点，强化教育引导、实践养成、制度保障，发挥社会主义核心价值观对国民教育、精神文明创建、精神文化产品创作生产传播的引领作用。"

白求恩精神兼具核心价值观和行业价值观的典型特征。核心价值观是不同个人和集团的共同价值取向，而这其中的集团也可视为某个行业，这个行业的共同价值取向，就是行业价值观。白求恩精神与社会主义核心价值观三个层面多项价值要求相通相融。从国家层面价值目标看，追求富强、民主、文明、和谐，也是白求恩精神的应有之义。白求恩曾多次表达，他来到中国参加反法西斯斗争，就是为了建立这样的新的共和国。从社会层面价值取向来看，不论是白求恩在加拿大推动义务医疗制度，还是两次参加反法西斯斗争，他都是在为自由、平等而战。从公民个人层面价值准则来看，白求恩精神体现得更鲜明。他全心全意奉献给医疗岗位，对技术精益求精，对患者极端负责，正是敬业、诚信、友善价值准则的生动实践。

白求恩精神是医疗行业精神的典范。白求恩精神直接产生于医疗实践，不论是革命战争时期，还是社会主义建设时期，或是进入新时代的今天，白求恩精神都是医务工作者的精神家园和道德标准。白求恩精神在社会主义核心价值观多个维度均有所体现，但最为突出的还是集中在公民个人价值准则层面，这一点与白求恩精神作为医疗行业精神高度契合。而公民个人价值准则是社会主义核心价值观的基石。古人讲，修身齐家，而后方能治国平天下。只有从个人层面能够坚守共同的价值准则，才能更好地升华为追求社会层面和国家层面的价值取向和目标。白求恩精神无疑是这方面的典范。正是由于白求恩精神具有以上所述的价值特性，弘扬白求恩精神更容易引起人们的情感认同，并转化为行为习惯，进而真正实现把社会主义核心价值融入社会发展各方面。

3.白求恩精神有助于加强思想道德建设

人民有信仰，国家有力量，民族有希望。新时代全体中国人民的共同信仰就是实现中华民族伟大复兴的中国梦，中国精神为实现中国梦提供了精神动力和支撑。白求恩精神是中国精神的重要组成部分，并将助力中国人民实现中国梦。

白求恩精神是中国精神的重要组成部分。精神具有历史性，人类历史上创造的精神财富可以代代相传。精神具有现实性，人们在现实生活实践中，会不断产生新的思想。精神具有创新性，它总是在累积前人思想的基础上，结合新的实践活动，创生新的精神。中国精神就是中华民族特有的文化精神，具有历史和现实两个维度。一方面它是对中国优秀传统文化的继承和创新，另一方面中国精神是在新民主主义革命、社会主义革命和建设以及中国特色社会主义建设的鲜活实践过程中产生的反映不同时期的精神风貌。在社会主义建设时期，还产生了雷锋精神、铁人精神等多个精神文化符号。白求恩精神与这些精神一样，都是中华民族精神的重要组成部分，是社会主义核心价值观的生动体现。新时代弘扬白求恩精神，是培育和践行社会主义核心价值观，引导和激励广大人民群众为实现中华民族伟大复兴的中国梦而努力奋斗的重要抓手。

白求恩精神助力中国梦。中国梦发挥着共同信仰的重要作用。信仰具有独特性，是意识形态的本质和核心，不同的信仰决定了不同的意识形态的性质；信仰具有指向性，它指向未来，引领有共同信仰的人们为目标不懈奋斗。信仰具有稳定性，信仰一经形成，就成为信仰人们的恒定目标；信仰具有实践性，信仰不仅是一种理想和精神状态，也是心怀信仰的人们不断实践的过程。中国梦就是实现中华民族伟大复兴，是中国人民的共同信仰。中国梦具有指向性，并有具体时间表和路线图，是共产主义远大理想的现实努力目标。中国梦具有稳定性和实践性，是中国人民持之以恒进行中国特色社会主义建设的生动实践。白求恩精神首先表现在政治信仰的坚定。白求恩于1935年11月加入加拿大共产党，他把中国人民的解放事业，当作自己的事业，战斗在抗战前线，就是为了中国人民的自由解放，就是为了新共和国的诞生。因此白求恩精神与中国梦一脉相承，已熔铸于中国人民的共同信仰。白求恩既坚守远大的共产主义信仰，同时又将信仰与反法西斯斗争以及他在加拿大推动义务医疗保险制度的实践相结合。这与中国共产党人既追求共产主义远大理想，又脚踏实地实践中国梦的理想追求相契合，是助推中国梦的强大精神动力。

### 三、新时代建设健康中国需要白求恩精神

习近平总书记指出，没有全民健康，就没有全面小康，要把人民健康放在优先发展的战略地位。党的十九大报告提出："实施健康中国战略。人民健康是民族昌盛和国家富强的重要标志。"建设健康中国凝聚着党、政府、人民的殷切期盼。我们党从成立起就把保障人民健康同争取民族独立、人民解放的事业以及中华民族伟大复兴紧紧联系在一起。推动医疗保健成为公共事业也是白求恩的奋斗目标之一，他曾提出："政府应该把保护公共健康看作自己对公民应尽的首要义务和职责。实行社会化医疗，就是解决这个问题的现实做法。社会化医疗意味着保健变成公共事业。"[①]白求恩的这个目标在当时历史条件下无法实现，但他的一些医学思想和理念，将有助于我国医学良性发展，促进健康中国建设，具体体现在以下五个方面：

1.人民性

始终坚持以人民为中心，是医学发展的根本所在。只有坚持人民性，医学的发展才不会偏离正确的目标和方向。坚持人民性是马克思主义政党的根本立场。《共产党宣言》指出："过去的一切运动都是少数人的，或者为少数人谋利益的运动。无产阶级的运动是绝大多数人的，为绝大多数人谋利益的独立的运动。"[②]习近平总书记强调："人民立场是中国共产党的根本政治立场，是马克思主义政党区别于其他政党的显著标志。"医学的发展始终关系到广大人民的生命健康，是人民对美好生活向往追求的基石。当前，党和政府正在下大力气开展精准扶贫，其中一个重要方面就是医疗扶贫。在广大农村，村民因病致贫、因病返贫的现象依然存在。开展精准医疗扶贫，就是医学发展坚持人民性的重要

---

① 张启华. 信仰、仁心与仁术——学习《纪念白求恩》[J]. 中共党史研究, 2013, (6): 79—83.

② 中共中央编译局. 马克思恩格斯选集(第1卷)[M]. 北京: 人民出版社, 1995: 283.

体现。《"健康中国2030"规划纲要》提出："坚持以人民为中心的发展思想，牢固树立和贯彻落实新发展理念，坚持正确的卫生与健康工作方针，以提高人民健康水平为核心。"白求恩精神具有鲜明的人民性。白求恩在成为一名优秀医生后，心里依然装着看不起病的社会下层民众。他曾在加拿大开设免费门诊，定期为贫困病人进行治疗。来到抗战前线，白求恩不仅为伤病的战士解除伤痛，同时也为当时村民热情服务。河北唐县是白求恩生前战斗过的地方，那里的村民至今怀念白求恩当年对他们先辈的救助。

### 2.公益性

《"健康中国2030"规划纲要》提出："加快建立更加成熟定型的基本医疗卫生制度，维护公共医疗卫生的公益性，有效控制医药费用不合理增长，不断解决群众看病就医问题。"坚持基本医疗卫生事业的公益性，是我国医药卫生体制改革必须遵循的重要原则，也是健康中国建设的重要战略方针。但同时，也要发挥市场机制的正面作用。随着我国医药卫生体制改革的不断深入，市场机制对于合理配置医疗资源也起到一定促进作用。比如，在国家投入有限的情况下，大多数医疗机构通过市场机制作用，更新了医疗设备、改善了就医环境等等。但受到市场经济负面作用的影响，一些医疗机构出现了一定程度的逐利化倾向，比如将医务人员收入与医疗行为相挂钩，损害了患者的利益，偏离了医疗卫生事业公益性基本原则。坚持医疗卫生事业公益性，努力实现广大民众病有所医，始终是我们党的奋斗目标。在这方面，白求恩精神可以给予我们很好的借鉴。白求恩曾提出："最需要医疗的人，正是最出不起医疗费的人。"[1]虽然我国经济社会快速发展，广大群众的收入普遍提高，但必须清醒地看到，我国人口总量大，发展不平衡，扶贫攻坚依然在进行，坚持基本医疗卫生事业的公益性应是医疗体制改革不变的初心。

### 3.人文性

科学性与人文性犹如医学发展的车之两轮、鸟之双翼，二者缺一不可。人文性是医学发展的灵魂，没有医学人文精神，医学的发展也就失去了生命力。医学模式的发展，也从历史和现实两个维度证明了这一点。医学不发达的古代，有过神灵医学模式。随着欧洲文艺复兴和科学技术发展，特别是解剖学等医学技术

---

[1] 泰德·阿兰, 赛德奈·戈登. 手术刀就是武器: 白求恩传[M]. 巫宁坤译. 上海: 上海文艺出版社, 2005: 28.

的发展，逐步形成生物医学模式。不可否认，这种医学模式曾促进过医学发展。但生物医学模式，没有把人看作是生命的人，而是冷冰冰的机器，因此在医学发展的历史进程中终被取代。从20世纪中叶开始，西方一些医生在以诊治精神病学为代表的临床实践中，越来越发现生物医学模式的弊端。其中最具代表性的，是美国罗彻斯特大学医学院精神病学和内科学教授乔治·恩格尔，他认为生物医学模式存在严重不足，倡导实现新的"生物心理社会医学模式"，强调在医疗过程中，不仅要重视患者生物因素，还必须同时关注患者的心理和社会，从而综合施策，达到最佳效果。这一医学模式已被医学界广泛接受。但在临床实践中，有的医生只注重临床检查指标，而缺少对患者的心理状况和社会因素的整体考虑，有的医生只注重诊断治疗，缺少和患者的有效沟通，以至于造成紧张的医患关系。这些问题的产生，根本是在于医学人文精神涵养不够。白求恩精神始终有着人性的光辉。白求恩对患者极端负责任，就表现在他对患者心理状态的重视。他认为一个医生，责任就是使病人快乐，帮助他们恢复健康。白求恩非常重视社会因素对民众健康的影响，他在考察苏联医疗情况时，赞叹对肺结核病人的救治情况，认为这是社会主义制度的优越性带来的结果，也最终促使他信仰共产主义。

### 4.实践性

实践性是医学良性发展的重要依据。社会生活是实践的，医学也是在社会实践中产生和发展的。恩格斯指出："社会一旦有技术上的需要，这种需要就会比十所大学更能把科学推向前进。整个流体静力学（托里拆利等）是由于16世纪和17世纪意大利治理山区河流的需要而产生的。"[①]这种社会需要必然都是在实践中产生的，是为更好解决在实践生活中所遇到的问题，这种需要对科学技术的发展具有强大的驱动力。医学技术的发展同样是在解决人类生命健康的重大问题过程中产生的。比如青霉素的发明，正是在二战时期，有大量士兵受伤感染失去生命的情况下产生的。我国提出建设健康中国，就是立足国情，从实践出发，促进医学良性发展，提高人民健康水平。如《"健康中国2030"规划纲要》提出："突出解决好妇女儿童、老年人、残疾人、低收入人群等重点人群的健康问题。要覆盖全生命周期，针对生命不同阶段的主要健康问题及主要影响因素，确定若干优先领域，强化干预，实现从胎儿到生命终点的全程健康服务和健康保障，全

---

① 中共中央编译局. 致符·博尔吉乌斯. 马克思恩格斯选集（第4卷）[M]. 北京: 人民出版社, 1972: 505.

面维护人民健康。"白求恩精神同样具有实践性，这种精神可以更好地促进我国医学发展。白求恩在西班牙前线发明战地流动输血车，正是为在战争中伤员解决输血问题。在中国抗战前线，根据八路军开展游击战、部队流动性强等特点，白求恩把在医院开展救治，改变为在前线流动行医。为更好地解决在前线手术问题，他发明了"卢沟桥"（即药驮子），将手术器械搭载在马背上，为救治更多伤员提供了可能。我国人口总量大，医疗资源的分布还不够均衡，要想实现全民健康，就要学习白求恩这种实践精神，根据人民健康的实际需要，确定医学发展的方向、重点和具体方法，更好地促进医学发展，更好地服务人民健康。

### 5.创新性

创新是医学良性发展的重要动力。创新是民族进步的灵魂，科技是国家强盛的基石。习近平总书记强调："科技是国之利器，国家赖之以强，企业赖之以赢，人民生活赖之以好。中国要强，中国人民生活要好，必须有强大科技。新时期、新形势、新任务，要求我们在科技创新方面有新理念、新设计、新战略。"科学技术创新是医学发展的巨大推动力。西方文艺复兴带来科学技术革命，从而促进医学的大发展。当今生物技术、人工智能等的迅猛发展，引发新的医学技术革命。只有立足于实践，勇于创新，才能占领科技制高点，掌握生命科学核心技术，更好地提高人民健康水平。屠呦呦凭借多年的努力创制了新型抗疟药——青蒿素，2015年获得诺贝尔医学奖，其中一个重要原因就是利用现代科学技术对我国传统医学进行改进创新。白求恩在医学实践中的创新精神，同样值得借鉴。白求恩曾身患肺结核病，这在当时几乎是不治之症，他勇敢地在自己身上尝试"人工气胸疗法"，取得了成功。他善于创新，从北美的行医过程的发明创造，到西班牙战场发明流动输血车，再到中国抗战前线发明流动输血库、药驮子以及一系列外科手术器具，这种创新精神挽救了一个又一个生命。医学的发展不仅要注重医学技术创新，医学理念的创新同样需要重视。当今转化医学、循证医学、整合医学等新理念层出不穷，只有像白求恩那样勇于创新、善于创新，才能更好促进医学发展，更好地造福人民健康。

任何一种思想理论都会打上时代的烙印，但只有随着时代的发展而不断革新的理论，才能够回答新的时代提出的新问题。正如恩格斯所说："每一个时代的理论思维，包括我们时代的理论思维，都是一种历史的产物，它在不同的时代具有完全不同的形式，同时具有完全不同的内容。"①白求恩精神充分体现了思想理论的这种时代化特性。白求恩精神产生于半殖民地、半封建社会的旧中国，当时中国社会的主要矛盾是救亡图存，进行伟大的抗日战争。中国共产党领导全民族抗战，谋求民族独立和中华民族的伟大复兴。正是在这样的历史背景和时代坐标下，形成了宝贵的延安精神，在这种精神指引下取得了新民主主义革命的彻底胜利。白求恩精神是延安精神的重要组成部分，产生于革命战争年代，并在不同历史时期为中国人民的革命、建设和发展提供了丰厚的精神滋养。但时代在变化，时代所面临的矛盾和挑战也在变化。党的十九大报告明确指出："经过长期努力，中国特色社会主义进入了新时代，这是我国发展新的历史方位。"坚持和发展中国特色社会主义是新时代的主题。新时代催生了新的命题，在八十年前革命战争中产生的白求恩精神，在当下还有现实意义吗？对这个问题必须给予明确的回答。新时代需要白求恩精神，同时也为白求恩精神时代化提供了新的价值坐标，从而在白求恩精神原初样态的基础上以及历史演进的嬗变中，赋予了白求恩精神新的内涵，为中国人民步入新时代，踏上新征程，干出新作为，注入新能量。

## 第二节　新时代的价值新坐标

白求恩精神产生于艰苦卓绝的抗战时期。在当时特定历史背景下，中国共产党人始终坚守共产主义远大理想，谋求民族独立，赋予了白求恩精神四个价值维度的原初样态，即共产主义、国际主义、精益求精、毫不利己。对于白求恩精神的这种价值阐释，正是由于当时共产党人追求并践行了自身价值取向，形成了对于理想信念、国际视角、职业精神及道德修养的鲜明价值坐标。但正如恩格斯所说的，理论思维具有历史特性，它会打上时代的烙印。在迈入新时代的今天，社会主流价值取向必然也会有新的内容和形式，从而赋予白求恩精神新的时代内涵。这就有必要首先明确新时代与白求恩精神直接相关的以上四个价值坐标，并

---

①　中共中央编译局. 马克思恩格斯选集(第4卷)[M]. 北京：人民出版社，1995：284.

将探索视角拓展到管党治党和文化建设这两个密切相关的现实领域，进而更加全面准确地把握新时代的白求恩精神。

## 一、新时代理想信念的价值坐标

习近平总书记反复强调要将理想信念看作共产党人的"魂"和"本"，将坚定理想信念作为全面从严治党的根基。2015年12月，习近平总书记在全国党校工作会议上的讲话中指出："我们共产党人的本，就是对马克思主义的信仰，对中国特色社会主义和共产主义的信念，对党和人民的忠诚。我们要固的本，就是坚定这份信仰、坚定这份信念、坚定这份忠诚。"这些重要论述明确了新时代理想信念的三维价值坐标。

1.坚定马克思主义信仰

这是共产党人安身立命的根本。170多年前，《共产党宣言》标志着马克思主义的诞生，无产阶级有了自己强大的思想武器。十月革命的炮声给中国送来了马克思主义，为解决中国问题提供了科学的理论指导。正是由于马克思主义在中国的广泛传播、有了中国先进分子对马克思主义的选择，有了蓬勃发展的中国工人运动，才诞生了中国共产党，从此中国人民在精神上由被动变为主动。中国共产党人信仰马克思主义，是对科学和真理的坚定追求和信仰。习近平总书记指出："马克思主义是科学的理论，创造性地揭示了人类社会发展规律。""马克思创建了唯物史观和剩余价值学说，揭示了人类社会发展的一般规律，揭示了资本主义运行的特殊规律，为人类指明了从必然王国向自由王国飞跃的途径，为人民指明了实现自由和解放的道路。"共产党人要用历史唯物主义和辩证唯物主义认识人类社会科学发展规律，将马克思主义视为"真经"，用以分析问题，指导实践。正如习近平总书记强调："要练就'金刚不坏之身'，必须用科学理论武装头脑，不断培植我们的精神家园。"[①]习近平总书记所讲的"科学理论"，就是马克思主义理论以及马克思主义中国化的最新成果。共产党人如何能战胜"四大考验"，练就"金刚不坏之身"，最根本的就是始终坚定马克思主义信仰。唯有信仰坚定，才能百毒不侵，"我们要赢得优势、赢得主动、赢得未来，

---

① 中共中央文献研究室. 习近平关于全面从严治党论述摘编[M]. 北京: 中央文献出版社, 2016: 61.

必须不断提高运用马克思主义分析和解决实际问题的能力……不断坚定马克思主义信仰和共产主义理想。"

2.坚定中国特色社会主义和共产主义信念

理论上清醒，政治上才能坚定。共产党人必须明确认识何为信仰、何为信念，二者到底是什么关系。信仰是人们对某种理论、学说、主义的信服心理状态，信念是人们对事物发展趋势和结果的坚信精神状态。信仰是信念的基础和前提，信念靠信仰引领正确方向；信念是信仰的必然结果，没有信念的支撑，信仰将成为空中楼阁。信仰和信念相互支撑，辩证统一。共产党人信仰马克思主义，就是由于马克思主义科学地揭示了人类社会发展的规律，它的最终结果必然是走向共产主义。习近平总书记在纪念红军长征胜利80周年大会上的讲话中指出："理想信念的坚定，来自思想理论的坚定。认识真理，掌握真理，信仰真理，捍卫真理，是坚定理想信念的精神前提。中国共产党人的理想信念，建立在马克思主义科学真理的基础之上，建立在马克思主义揭示的人类社会发展规律的基础之上，建立在为最广大人民谋利益的崇高价值的基础之上。"这段讲话明确阐述了共产党人坚定马克思主义信仰与共产主义信念的内在逻辑关系。共产主义远大理想信念建立在马克思主义信仰基础之上。习近平总书记在十九届中央纪委二次全会上强调："要深刻认识共产主义远大理想和中国特色社会主义共同理想的辩证关系，既不能离开发展中国特色社会主义事业、实现民族复兴的现实工作而空谈远大理想，也不能因为实现共产主义是一个漫长的历史过程就讳言甚至丢掉远大理想。"

3.坚定对党和人民的忠诚

信仰、信念必须具体落实到共产党人的实际行动中，从而将理想信念转化为实践。作为共产党人，首要的政治品质就是对党和人民忠诚。忠诚是做人的优秀品质，但对于共产党人来说，更是一种政治要求。忠诚，即忠心于诚。诚也是信，对共产党人来说，就是信仰、信念。因此，忠心于诚，就是忠心于马克思主义信仰、忠心于中国特色社会主义和共产主义信念。只有对党忠诚，才能真正坚定信仰和信念。对党不忠诚、不老实，信仰信念必然崩塌。习近平总书记反复强调共产党员要对党忠诚，对共产党员来说，对党忠诚是最根本的、绝对的、第一位的、永远的要求，"对党忠诚、永不叛党是写在入党誓词里的，是对党员最根本的要求。"①思想入党一生一世，对党不忠诚，就不是合格的共产党员。习近平总书记指出："对党绝对忠诚要害在'绝对'两个字，就是唯一的、彻底的、无条件的、不掺任何杂质的、没有任何水分的忠诚。"对党做不到绝对忠诚，就不可能练就"金刚不坏之身"，就不可能经得住风浪考验和各种诱惑。因此，"全党同志要强化党的意识，牢记自己的第一身份是共产党员，第一职责是为党工作，做到忠诚于组织，任何时候都与党同心同德"，"坚持对党绝对忠诚，必须对党高度信赖，做到热爱党、拥护党、永远跟党走。"共产党员任何时候都必须在党言党、在党爱党、在党为党、在党护党，牢记初心，永远与党同心同德、同向同行。

## 二、新时代人类命运的价值坐标

人类对于自身命运的思考和探寻从未停歇，所给出的方案也不尽相同。直到马克思恩格斯创立了唯物史观，才对人类命运的发展给出了科学的答案，这就是最终实现共产主义。马克思恩格斯创立的国际主义思想既是一种重要的价值追求，同时也是实现共产主义的重要途径。在历史的长河中，国际主义思想历经了战争与革命、和平与发展的不同时代变迁，但它对人类命运的终极关切始终不曾改变，改变的只是不同时代的具体样貌。进入新时代，中国共产党人提出构建人类命运共同体，是对马克思恩格斯的国际主义思想的继承、发展和创新。

1.马克思恩格斯的国际主义思想

马克思恩格斯创立的国际主义思想，源于他们对科学共产主义的理论探索，也源自他们的革命实践，是二者的辩证统一。从理论维度看，马克思认为："人的本质不是单个人所固有的抽象物，在其现实性上，它是一切社会关系的总和。"②这就是说，人在本质上不是孤立存在的，必然要同各种各样的现实社会联系发生关系，人也必然要生活在这样的社会群体中，也只有这样人才能生存发展，并最终获得真正的个人自由。因此，马克思提出："只有在共同体中，个人才能获得全面发展其才能的手段，也就是说，只有在共同体中才可能有个人的

---

① 中共中央文献研究室. 习近平关于全面从严治党论述摘编[M]. 北京: 中央文献出版社, 2016: 64.

② 中共中央马克思恩格斯列宁斯大林编译局. 马克思恩格斯文集(第1卷)[M]. 北京: 人民出版社, 2009: 501.

自由。"①在资产阶级统治下，对于无产阶级等被统治阶级来说，这种共同体是虚幻的，甚至是桎梏。只有推翻资产阶级统治，才能建立真正的共同体，并最终实现共产主义。要建立真正的共同体，就需要各国无产阶级真正联合起来，共同反抗资产阶级的压迫和统治。从实践维度看，在马克思恩格斯所处的时代，由于科学技术的进步，带来生产工具的迅速改进，同时全球交通已十分便利，资产阶级为赚取更多剩余价值，不断开拓世界市场，资产阶级与无产阶级的矛盾也更为尖锐和突出。马克思恩格斯积极投身革命，领导创建了世界上第一个无产阶级政党——共产主义者同盟，并为共产主义者同盟撰写了理论和实践的纲领——《共产党宣言》，阐明了国际主义思想，明确提出"全世界无产者，联合起来"的战斗口号。马克思还"领导了世界上第一个国际工人组织——国际工人协会，热情支持世界上第一次工人阶级夺取政权的革命——巴黎公社革命，满腔热情、百折不挠推动各国工人运动发展。"

**2.无产阶级国际主义思想**

马克思恩格斯的国际主义思想指导并推动了无产阶级革命，在世界范围内产生了深刻影响。列宁继承并创造性地发展了马克思恩格斯的国际主义思想，首次提出无产阶级国际主义思想。早在1913年，列宁就提出："资产阶级民族主义和无产阶级国际主义——这是两个不可调和的敌对口号，这两个同整个资本主义世界的两大阶级营垒相适应的口号，代表着民族问题上的两种政策（也是两种世界观）。"②列宁结合自身革命实践，强调无产阶级国际主义的重点在于全世界被压迫的力量联合起来，共同推翻帝国主义及其殖民统治，这就是列宁主义路线。十月革命一声炮响，给中国送来了马克思列宁主义，无产阶级国际主义思想是其中的重要组成部分。中国共产党就是在这样的国际背景下成立的，无产阶级国际主义思想也是革命战争时期中国共产党秉持的重要政治原则。正是受到无产阶级国际主义思想的影响，以白求恩为代表的一批国际共产主义战士奔赴抗日前线。也正是出于这样的原因，毛泽东在《纪念白求恩》一文中着重指出，白求恩精神首先体现的就是国际主义精神，是共产主义精神的具体体现。同时明确指出白求恩实践的是列宁主义路线，这种路线就是列宁创立的无产阶级国际主义精

---

① 中共中央马克思恩格斯列宁斯大林编译局. 马克思恩格斯文集（第1卷）[M]. 北京：人民出版社，2009：571.

② 列宁. 列宁选集（第2卷）（M）. 北京：人民出版社，2012：339.

神，这同样也是中国共产党的价值追求和政治路线。在艰苦卓绝的抗战时期，实践无产阶级国际主义思想的意义是显而易见的，只有团结全世界的无产阶级力量，才能建立起真正的抗日国际统一战线，最终实现抗战胜利，赢得民族独立与解放。

### 3.构建人类命运共同体

随着世界形势的深刻变化与发展，战争与革命不再是世界的主题，取而代之的是和平与发展。在世情变化的同时，随着我国改革开放的持续深入，国情与党情也经历了深刻的变化。社会存在决定社会意识，党的路线方针政策也必然随着时代的发展与时俱进，但对于马克思主义关于人类命运的现实关切和执着追求却一以贯之。中国共产党为中国人民谋幸福，也为人类命运谋未来。以习近平同志为核心的党中央提出构建人类命运共同体，就是着眼于人类命运和世界前途，提出的中国理念，贡献的中国智慧和中国方案，为人类共同命运的发展确定了新的价值坐标。2017年3月，"构建人类命运共同体"载入联合国决议，成为各国共同遵循的理念。党的十九大报告明确提出："各国人民同心协力，构建人类命运共同体，建设持久和平、普遍安全、共同繁荣、开放包容、清洁美丽的世界"。和平与安全是基础和前提，繁荣、开放、清洁、美丽是目标和落脚点，而其中折射出的是对人类共同命运的最大关爱。构建人类命运共同体，体现了马克思主义人类"真正共同体"思想，准确地把握了"和平与发展"的时代主题和当今世界的复杂深刻矛盾，科学地勾画出人类命运的未来，为人类命运的共同发展提供了重要的价值遵循。

## 三、新时代职业精神的价值坐标

每个行业都有自己的职业操守和行为约定，并经过一代又一代人的传承和累积，成为行业内人们的共同价值规范和精神追求，这就是各个行业的职业精神。不同的行业有着具体的、不同的职业精神，但不论如何，不同行业的职业精神也有其价值上的最大公约数，都有两个共同的价值维度，就是职业态度和职业技能。党的十九大报告明确提出："建设知识型、技能型、创新型劳动者大军，弘扬劳模精神和工匠精神，营造劳动光荣的社会风尚和精益求精的敬业风气"，这为明确新时代职业精神的价值坐标提供了重要的遵循。

1.劳模精神是新时代职业精神的重要组成部分

任何的行业价值都只能通过劳动才能实现，任何的行业精神都只能通过劳动才能体现，劳模精神是其中的价值典范。习近平总书记强调要树立劳动最光荣、劳动最崇高、劳动最伟大、劳动最美丽的观念，"人世间的美好梦想，只有通过诚实劳动才能实现；发展中的各种难题，只有通过诚实劳动才能破解。"2013年4月28日，习近平总书记在与劳模同庆"五一"劳动节，并同全国劳动模范代表座谈时发表讲话，指出："长期以来，广大劳模以平凡的劳动创造了不平凡的业绩，铸就了'爱岗敬业、争创一流，艰苦奋斗、勇于创新，淡泊名利、甘于奉献'的劳模精神，丰富了民族精神和时代精神的内涵，是我们极为宝贵的精神财富。"2018年4月30日，习近平总书记在给中国劳动关系学院劳模本科班学员回信中强调："全社会都应该尊敬劳动模范、弘扬劳模精神，让诚实劳动、勤勉工作蔚然成风。"劳模精神有着丰富的内涵，但基本上可分为两个层面。一个层面是"爱岗敬业、勇于创新"，这是对所有劳动者共同的职业要求，是劳模精神的基础和前提。另一个层面是"争创一流、艰苦奋斗、淡泊名利、甘于奉献"，这是对劳动者更高的职业要求，是一种价值引领和精神追求。在劳动实践中，劳动模范这一特殊群体实现了这样高标准的职业精神，也因此成为职业精神的代表和楷模。

2.工匠精神是新时代职业精神的重要组成部分

习近平总书记多次强调弘扬工匠精神，明确了工匠精神最本质的内涵，就是精益求精的敬业风气，这也是职业精神的精髓。有学者对工匠精神内涵做了进一步解读，认为"'敬业、精益、专注、创新'的工匠精神内涵，其核心的价值导向就是技能高超。"[①]可见其核心要旨仍然是精益求精的价值追求。这是一种认真的工作态度，是一种持之以恒的精神追求，是对所从事事业的专注与执着。与劳模精神相比，工匠精神涵盖的范围更为广泛。劳动模范是在我国社会主义建设过程中涌现出的一批甘于奉献、不计较个人名利的劳动人民的优秀代表，是特殊群体呈现的一种精神。而工匠精神则跨越古今，不分国界。中华文明生生不息，不论是古代四大发明，还是巍巍万里长城，或是当今四通八达的高速铁路、体现重大创新成果的大国重器，工匠精神是其背后重要的精神支撑。工匠精神同

① 常晓媛.论工匠精神与劳模精神[J].中国劳动关系学院学报，2019，(1)：114.

样是世界文明的重要推动力量，成就了丰富多彩的人类文明。因此，工匠精神不仅是中国人民的，也是人类共同的宝贵精神财富，是新时代职业精神的重要支柱。成就伟大事业，就要用硬实力说话，就要实现从中国制造到中国智造、中国创造的提升。而要实现这样质的飞跃，就必须要有精益求精的认真与专注，形成每个劳动者的职业素养。

3.社会主义核心价值观是新时代职业精神的基本遵循

职业精神有两个维，一是职业态度，一是职业技能，二者犹如车之双轮，鸟之双翼，共同撑起职业精神。劳模精神与工匠精神恰恰较为鲜明地代表了职业精神的两个维度。劳动模范是千千万万劳动者中的杰出代表，劳模精神更多地侧重于职业态度，更多体现的是爱岗敬业的职业操守和甘于奉献的精神追求。工匠精神更侧重于精益求精的职业技能、对于技术完美性的执着追求。劳模精神与工匠精神侧重点虽然有所不同，但二者相互支撑，共同构成新时代职业精神的要素。没有劳模群体，难育大国工匠；没有大国工匠，难有大国重器；没有大国重器，难言民族复兴。劳模精神与工匠精神是辩证统一的，统一于社会主义核心价值观。习近平总书记指出："要按照社会主义核心价值观的基本要求，健全各行各业规章制度，完善市民公约、乡规民约、学生守则等行为准则，使社会主义核心价值观成为人们日常工作生活的基本遵循。"①这就要求按照社会主义核心价值观健全行业准则，贯穿其中的必然是职业精神，而职业精神的核心就是社会主义核心价值观中公民个人层面的价值准则，即爱岗敬业。

**四、新时代道德修养的价值坐标**

习近平总书记指出，道德是社会关系的基石，是人际和谐的基础。党的十八大以来，党中央高度重视加强社会主义思想道德建设，把加强道德建设提升到治国理政的战略高度。2014年5月习近平总书记考察上海时指出，道德可分为"大德、公德、私德"三大类型，并提出"明大德、守公德、严私德"的实践要求，这为新时代加强道德建设明确了价值坐标。

---

① 习近平. 习近平谈治国理政（第1卷）[M]. 北京：外文出版社，2018：165.

## 1.明大德

习近平总书记指出，社会主义核心价值观是国家和社会的德，是一种大德。也就是说，国家层面富强、民主、文明、和谐的价值目标和社会层面自由、平等、公正、法治的价值取向都属于大德范畴。大德源于马克思主义道德观。马克思主义道德观以唯物史观为指导，是对道德规律的科学认识。认为道德只有在公有制社会，以劳动人民为中心，做到大公无私，建立"真正共同体"，才能发挥道德弘扬正义、惩恶扬善的力量。因此，社会主义道德才是真正的大德。大德还源于中国传统道德观。中国古代儒家讲"仁"与"礼"，推崇"仁者爱人"。道家强调德的作用，提出"上善若水"的道德追求。墨家提倡兼爱、非攻，也讲爱他人之德。总体来讲，中华优秀传统文化的仁、义、礼、信、和、善等思想，是大德价值追求的重要组成部分。冯友兰先生曾把人生的境界从低到高分为四等："一本天然的'自然境界'，讲求实际利害的'功利境界'，'正其义，不谋其利'的'道德境界'，超越世俗、天人合一的'天地境界'。"[①]其中的"道德境界"与"天地境界"，同大德的内在要求已比较接近。殊途同归，道德的最高境界就是毫不利己，全心全意为人民服务。

## 2.守公德

马克思主义认为，人是社会关系的总和，人在社会活动中必然要结成一个共同体。人在共同体中生存和活动，就必然要和他人打交道，产生这样或是那样的联系，甚至可能会有利益上的冲突。为了调节人与人之间的关系，维持社会秩序正常运转，古往今来，人们主要依靠两方面的手段。一是法律，依靠法律的强制力调节人与人之间的关系。二是道德，通过道德对人性的内在约束，调节人与人之间、人与社会之间的关系。人们经过千百年来约定俗成的行为习惯、价值追求就成了大家共同遵守的社会公德。习近平总书记从社会主义核心价值观角度定义社会公德，主要是指自由、平等、公正、法治的社会层面价值取向。社会层面的价值取向是我们党自创立以来不忘初心、长期实践的核心价值理念，反映了中国特色社会主义的基本属性，是中国梦的重要价值支撑。时代公德的核心要素是自由、平等、公正、法治。自由是人类共同的价值追求，是共产主义的终极目标，是中国特色社会主义的基本要义，是中国梦的核心要素。平等也是人类追求

① 冯友兰.中国哲学简史[M].北京:生活.读书.新知三联书店,2018:373.

的共同价值之一，社会主义核心价值观所说的平等是指政治、经济、文化、社会等全面的平等。公正是人类执着追求的社会理想，是社会主义的本质体现，是中国特色社会主义的内在要求，是中国共产党执政为民的出发点和落脚点。法治相对人治而言，是治国理政的重要方式，是实现自由、平等、公正的重要保障。

3.严私德

从社会主义核心价值观看，私德是指爱国、敬业、诚信、友善的公民个人层面的价值准则。爱国是中华民族民族精神的核心。中国人自古就有家国情怀、爱国精神，从孟子"乐以天下，忧以天下"到顾炎武"天下兴亡，匹夫有责"，爱国成为中华民族几千年来生生不息的一面鲜明旗帜。敬业是职业道德的核心，是对所从事的行业始终抱有敬畏之心，一种认真执着、精益求精的职业态度和操守。诚信是人安身立命的根本，是中华民族的优秀文化传统。孔子讲："人而无信，不知其可也"，强调诚信对做人做事的重要作用。友善是个人美德的重要基础。古人崇尚仁者爱人，与人为善，一个人的发展同样要有良好的人际关系，而良好人际关系的形成离不开友善的为人处世之道。伟大时代呼唤伟大精神，崇高事业需要榜样引领。新时代需要不断弘扬道德模范，通过道德模范的道德实践，带动广大群众的生动实践，形成德行天下的社会风尚。

将道德分为大德、公德、私德三个类型，有助于进一步把握三者的区别，但不意味着三者之间是完全孤立隔绝的。事实上，三者之间互为支撑，并可转化。大德与公德基本相互涵盖，但也各有侧重。私德也可转化为大德、公德。以白求恩精神为例，白求恩个人道德品行是他的私德，但已上升为医疗行业道德，成为社会公德。他对共产主义的坚定信念，对生命的大爱追求，都已升华为大德。

## 五、新时代党建主线的价值坐标

党的十九大报告对推进新时代党的建设新的伟大工程做出顶层设计和总体部署，提出了党的建设总要求，为全面加强党的建设，全面从严治党提供了思想指引和行动指南。新时代党的建设内涵丰富，包括党的建设的根本原则、指导方针和主线、总体布局以及总目标等多个方面。新时代党的建设涉及面广，但有一条主线始终贯穿各方面、全过程，即加强党的长期执政能力建设、先进性和纯洁性建设。这始终是马克思主义政党的根本任务，关系到党和国家的长治久安。

### 1.党的长期执政能力建设

长期执政是任何执政党都追求的价值目标，也是历史上所有统治者的普遍愿望，但事实往往并非如此。中国封建王朝的历史更迭，可作为历史明鉴。秦始皇统一六国，自认为功高盖世，自己为始皇帝，渴望大秦帝国能够千秋万代。但强大的秦帝国二世而亡，印证了"其兴也勃焉，其亡也忽焉"的历史周期率，这样的历史剧目在封建王朝不胜枚举。苏共也同样没能跳出这样的历史规律。苏共在拥有20万党员时夺取政权，有200万党员时打败凶残的德国法西斯，但在有2000万党员及70多年的执政经验后，却丧失了政权，黯然退出历史舞台。这其中的原因是多方面的，但党员先进性不在，纯洁性丧失，以至于贪污腐化，成为少数人利益的代言人，是一条重要原因。有鉴于此，习近平总书记强调："坚决反对腐败，防止党在长期执政条件下腐化变质，是我们必须抓好的重大政治任务。"①这其中最根本的就是要不断加强党的先进性和纯洁性建设。当前国内各项改革进入深水区，大国竞争日趋激烈，"颜色革命"值得警惕，"四大考验"是长期和复杂的，"四种危险"是尖锐和严峻的。实现党长期执政，就必须确保我们党始终保持先进性和纯洁性，始终成为时代的先锋、民族的脊梁。

### 2.党的先进性建设

先进性是马克思主义政党的本质属性和根本特征。先进是与落后相对的，马克思主义政党的先进性是在与其他政党或政治组织比较中得以体现的。这种先进性主要体现在以唯物史观的科学理论为指导，以关切人类命运、实现共产主义为远大理想，以全心全意为人民服务为根本宗旨。先进性是历史的，不同历史时期会有不同的表现形式。先进性不是抽象的，而是具体的，体现在每个党员身上。马克思、恩格斯指出："共产党人不是其他工人政党相对立的特殊政党。他们没有任何同整个无产阶级的利益不同的利益……在实践方面，共产党人是各国工人政党中最坚决的、始终起推动作用的部分。"②马克思、恩格斯对于共产党先进性的阐释和规定，成为此后各国共产党建党原则和标准。我们党在革命战争时期，党的先进性具体表现为不怕牺牲、勇于战斗、冲锋在前、艰苦奋斗。2013

---

① 习近平. 习近平谈治国理政（第1卷）[M]. 北京：外文出版社，2018：394.
② 中共中央马克思恩格斯列宁斯大林编译局. 马克思恩格斯文集（第2卷）[M]. 北京：人民出版社，2009：44.

年1月，习近平总书记在新进中央委员会委员、候补委员学习贯彻党的十八大精神研讨班上提出"四个能否"，即能否坚持全心全意为人民服务的根本宗旨，能否吃苦在前、享受在后，能否勤奋工作、廉洁奉公，能否为理想而奋不顾身去拼搏、去奋斗、去献出自己的全部精力乃至生命。这是新时代衡量党员是否具有先进性的客观标准。

3.党的纯洁性建设

党的先进性与纯洁性共同构成马克思主义政党的本质属性，属于双重属性规定，二者本质相通、相互支撑。纯洁与不纯洁是相对的，不纯洁就是不够真、有杂质、会变质。对于政党而言，不纯洁就是党员背离了党的性质和宗旨，忘记了初心，偏离了原有的价值标准。因此，党的纯洁性同样是历史的、具体的。马克思、恩格斯在创立共产主义者同盟之初，就通过同盟章程对保持党的纯洁性做出严格规定："每一支部应对接受的会员的品行负责。"[1]列宁在创建俄国工人阶级政党的过程中，也特别强调"我们的任务是要维护我们党的坚定性、彻底性和纯洁性。我们应当努力把党员的称号和作用提高、提高、再提高"。中国共产党始终高度重视党的纯洁性建设。毛泽东提出建设"一个有纪律的、思想上纯洁的、组织上纯洁的党，合乎统一的标准的党。"改革开放以来，特别是党的十八以来，世情国情党情都发生了复杂深刻的变化，对党的纯洁性建设提出了新的更高要求。就全面从严治党而言，从查处的大量违纪违法的党员干部来看，具体原因各不相同，但相同的都是思想不纯、组织不纯、作风不纯。对此，习近平同志在2012年3月中央党校春季学期开学典礼上的讲话中，对全面加强党的纯洁性建设做了系统深入的阐述，强调："不断增强自我净化、自我完善、自我革新、自我提高能力，始终保持党的思想纯洁、组织纯洁、作风纯洁。"

## 六、新时代文化建设的价值坐标

党的十九大报告提出，文化是一个国家、一个民族的灵魂。要坚持中国特色社会主义文化发展道路，建设社会主义文化强国。

---

[1] 中共中央马克思恩格斯列宁斯大林编译局. 马克思恩格斯文集(第3卷)[M]. 北京: 人民出版社, 2009: 229.

1.文化建设的根本在于铸魂育人

习近平总书记在全国高校思想政治工作会议上讲话中指出："要更加注重以文化人以文育人"，在纪念马克思诞辰200周年大会上的讲话中进一步指出："国家之魂，文以化之，文以铸之。"这就明确了文化最根本的作用在于以文化人、铸魂育人。这个"魂"就是指中国特色社会主义文化；这里所说的"人"，就是担当民族复兴大任的时代新人。加强文化建设，完成铸魂育人这个重任，就好比用船渡河。首先要明确船的前进方向，就是要高举马克思列宁主义、毛泽东思想和中国特色社会主义伟大旗帜；之后要有渡船的方法，最重要的就是培育和践行社会主义核心价值观；最后登上成功的彼岸，就是要实现建设社会主义文化强国的奋斗目标。这是文化建设三个关键的价值维度。

2.高举一面伟大旗帜

文化旗帜决定着文化建设的方向和性质。我们要建设中国特色社会主义文化，就必须高举马克思列宁主义、毛泽东思想和中国特色社会主义伟大旗帜。习近平总书记指出："马克思主义是我们立党立国的根本指导思想。背离或放弃马克思主义，我们党就会失去灵魂、迷失方向。在坚持马克思主义指导地位这一根本问题上，我们必须坚定不移，任何时候任何情况下都不能有丝毫动摇。"从理论上讲，马克思主义是科学和真理，以马克思主义唯物史观为指导来建设中国特色社会主义文化，虽然任务艰巨繁重，但终会实现；从实践上看，中国共产党成立近百年、中华人民共和国成立七十年，中国实现了从站起来、富起来到强起来的飞跃，正昂扬走向复兴之路。中华民族要实现伟大复兴，必将是经济、政治、文化的全面复兴，这就要求我们必须坚持以马克思主义为指导，建设社会主义文化强国，推动社会主义文化繁荣兴盛，使文化建设在中国特色社会主义伟大事业中日益发挥重要作用，用文化强国推动实现"两个一百年"奋斗目标，以文化复兴引领中华民族伟大复兴的中国梦早日实现。

3.坚持一个价值引领

中华文化有几千年的历史传承，已形成中华民族共有的文化基因。推进中国特色社会主义文化建设，就要找到全党全国各族人民共同认可的价值"最大公约数"，形成主流文化，进而引领全社会文化风尚，使全国人民同心同德，凝心聚力，共筑中国梦。这个价值引领就是社会主义核心价值观。习近平总书记强调："核心价值观是文化软实力的灵魂、文化软实力建设的重点。这是决定文化性质和方向的最深层次要素。一个国家的文化软实力，从根本上说，取决于其核心价值观的生命力、凝聚力、感召力。"培育好践行好社会主义核心价值观，抓住了建设中国特色社会主义文化的关键。进行伟大斗争，建设伟大工程，推进伟大事业，实现伟大梦想，最终要由人来实现。培育践行社会主义核心价值观，就是要从根本上做好人的思想工作，通过潜移默化的影响，塑造人形成正确的世界观、人生观、价值观，实现以文化人、铸魂育人，培养出担当民族复兴大任的时代新人。

4.实现一个奋斗目标

找准了前进的方向，有了强大的渡船，还要明确彼岸的登陆点。对于加强文化建设，这个目的地就是建设社会主义文化强国。建设文化强国，意味着国家的强盛和民族的复兴。正如习近平总书记指出："一个国家、一个民族的强盛，总是以文化兴盛为支撑的，中华民族伟大复兴需要以中华文化发展繁荣为条件。"航船唯扬帆，方能劈波斩浪，行稳致远。这风帆就是加强思想道德教育，培育时代新人。这就要求坚持以人民为中心，充分体现文化建设的人民性。文艺源于人民，文化为了人民，唯有扎根人民，文艺才能有生命力。要推动文化事业和文化产业发展，为实现人民对美好生活的向往，提供丰富的精神食粮。

## 第三节　新时代白求恩精神的新内涵

白求恩精神产生于革命战争年代，具有鲜明的时代烙印。历经八十年的时代变迁，白求恩精神本身也随着历史的推进而不断演进，但它的精神内核依然历久弥新。白求恩精神原初的四个价值维度，即共产主义、国际主义、职业精神及道德修养，在特定的革命战争年代，按照当时的价值坐标，呈现出特有的样貌和表达方式。进入新时代，需要用新的价值标尺去重新衡量白求恩精神，重新阐释白求恩精神，重新塑造白求恩精神，为白求恩精神赋予新的时代内涵，使其焕发出强大生命力，为建设中国特色社会主义、实现中国梦注入新的精神动能。新时代白求恩精神总体上呈现"4+2"样态，由六个要素构成。这个"4"就是对白求恩精神原初样态的四方面重新阐释，"2"就是依据新时代党的建设总要求及文化建设价值坐标，赋予白求恩精神两方面新的内涵。

## 一、信念坚定，对党忠诚

白求恩精神在理想信念方面的原初样态，首先体现为共产主义精神，新时代白求恩精神则集中地表现为信念坚定、对党忠诚。

1.马克思主义信仰

马克思主义信仰是白求恩原初精神的基石，也是新时代白求恩精神的前提。白求恩青年时期就怀有仁爱之心，常常以医术救治穷困之人。他曾亲历第一次世界大战欧洲战场，开始认识到帝国主义的腐朽。1935年8月他到苏联参加生理学大会，看到社会主义制度对保障广大人民健康的巨大促进作用，他的世界观、人生观和价值观由此开始发生深刻变化。同年11月，他加入了加拿大共产党，成为一名真正的马克思主义者。坚守马克思主义信仰，这是白求恩精神得以生成和升华的价值基础，无论过去、现在及将来都不会改变。新时代共产党员学习白求恩精神，必须学习白求恩对马克思主义信仰的这份执着与坚守。只有掌握了马克思主义真理，才能科学地认识人类社会发展规律，才能从内心深处真正树立起共产主义远大理想，才能真正一生一世从思想上入党，才能达到党章中党员的标准，不管遇到什么样的风浪，都能做到初心不改，矢志不渝。因此，马克思主义信仰是白求恩精神一以贯之的价值基石，也是共产党员终身追求的理想信念。

2.信念坚定

对一个共产党员来说，只有坚守了马克思主义信仰，才能坚定共产主义远大理想并夯实中国特色社会主义共同理想的现实基础，这在任何时候都必须坚定不移。白求恩是信念坚定的典范。毛泽东在《纪念白求恩》一文中首先肯定的就是白求恩是一名党员，体现的是共产主义精神，每一名中国共产党员都要学习这种精神。对共产主义的坚定信念，是白求恩毕生的价值追求，也应当是任何时代、任何党员毕生的价值追求。所不同的是，共同理想在不同的时代有不同的价值体现。在白求恩所处的抗日战争年代，当时的中国共产党人的共同现实理想就是战胜日本法西斯，建立一个独立、自由的社会主义新中国。今天我们正走在复兴之路上，向着实现共产主义阔步前进，新时代中国共产党人的共同理想就是建设中国特色社会主义。每个共产党员都要坚定这种信念，并在自己的工作岗位上躬身实践。

### 3.对党忠诚

坚定对马克思主义的信仰、对共产主义和中国特色社会主义的信念，共产党员就有了安身立命之所、价值追求之魂。但这种理想信念还必须体现在具体实践上，否则信仰、信念就会虚幻无依，最终失去生命力。这种具体实践，首先体现在对党忠诚上。在白求恩所处的年代，在加拿大加入共产党还是很危险的事。但他毅然放弃父母亲虔诚的基督教信仰，加入了共产党，并公开表明自己的身份。此后，无论是在西班牙内战战场，还是在中国抗战前线，直至战斗到最后，白求恩始终对党忠诚。但在严酷的现实环境中，并不是所有人都能做到对党忠诚。参加中共一大的13位代表，何叔衡、邓恩铭、陈潭秋、王尽美为革命英勇捐躯，陈公博、周佛海、张国焘则背弃信仰、脱党叛变，刘仁静、包惠僧曾一度叛党，后迷途知返，李达、李汉俊虽然脱党但没有放弃信仰，毛泽东、董必武为信仰坚守，奋斗终生。可见，信念是否坚定，对党是否忠诚，决定了不同人的命运。新时代全面从严治党，就要把政治建设摆在首位，最关键的就是每个党员都要对党忠诚，自觉做到"两个维护"。

## 二、热爱和平，大爱无疆

从马克思主义关切人类命运的维度来看，白求恩精神原初样态更多地体现为国际主义精神。随着时代特征、国际背景、世界格局的深刻变革，国际主义精神更集中地体现为热爱和平、大爱无疆。

### 1.国际主义精神实质一以贯之

马克思、恩格斯首先提出国际主义，列宁创造性地发展了国际主义，提出了"无产阶级国际主义"的概念。白求恩首先是马克思主义者，但在革命实践中，他践行的主要是列宁主义的国际主义思想。白求恩是在参加苏联生理学大会，对苏联社会主义制度考察后，才确立了马克思主义信仰。受到列宁主义在苏联及世界各国实践的直接影响，白求恩走上了西班牙内战战场和中国的抗日战争前线。正是出于这样的原因，毛泽东在《纪念白求恩》一文中指出，白求恩践行了列宁主义路线，体现了国际主义精神，这种精神就是共产主义精神，中国共党员也要实践这一条路线。国际主义是当时我们党建立抗日国际统一战线的一个重要指导思想，也是此后我们党在对外交往中始终坚持的一条重要政治原则。随着国际环境的深刻变化，我们党对国际主义有了新的认识和调整，但对国际主义精神实质价值追求不曾改变，这就是对人类命运的始终关切。这种精神的具体体现就是习近平总书记提出的构建人类命运共同体的倡议以及"一带一路"建设的生动实践。

### 2.热爱和平

用革命战争消灭法西斯战争，为大多数人带来和平，这是白求恩国际主义精神的精髓。白求恩热爱和平，是因为他曾亲历战争。白求恩深刻揭露法西斯的反动本质和罪恶行径，多次表达他对消灭法西斯战争、追求世界和平的渴望。他曾说："日本和战争贩子们在威胁世界和平。我们必须打败他们。他们正在阻碍人类向社会主义社会前进的伟大的历史性的进步运动。"[①]白求恩深刻认识到："军队背后是军国主义者，军国主义者背后是金融资本和资本家，他们是亲兄弟，是同谋犯……只要他们活着，世界上就不可能有持久和平。容许他们存在的这样一种人类社会制度必须消灭。"[②]这表明白求恩清醒认识到法西斯战争的根源以及反人类的本质，因此只有消灭法西斯及其产生的土壤，才能带来人类和平。这种对和平的热爱与追求，在当今仍然具有强大的生命力。当今世界的主题是和平与发展，我们坚持走和平发展的道路，不走国强必霸的历史老路，通过争取和平发展的国际环境发展壮大自己，又以自身的发展壮大维护和促进世界和平，这不是权宜之计，而是坚定的战略方针。

### 3.大爱无疆

大爱无疆是白求恩精神的真谛，也是一个在实践中不断升华的过程。白求恩早年在加拿大开诊所，出于仁爱之心，以医术救治穷苦之人，这种爱可称之为"小爱"。他在加入加拿大共产党后，确定了马克思主义信仰，认识到只有社会主义制度才能为更多穷人带来健康保障，因此呼吁加拿大实行社会化医疗改革。虽然在当时这种想法是不可能实现的，但这种爱心的追求可称之为"中爱"。白

---

① 泰德·阿兰，赛德奈·戈登. 手术刀就是武器：白求恩传[M]. 巫宁坤译. 上海：上海文艺出版社，2005：263.

② 泰德·阿兰，赛德奈·戈登. 手术刀就是武器：白求恩传[M]. 巫宁坤译. 上海：上海文艺出版社，2005：374.

求恩坚定共产主义信念，实践国际主义精神，跨出国门，奔赴西班牙内战和中国反法西斯战场，反对侵略战争，以手术刀为武器，救治广大士兵和穷苦大众，关切人类前途和命运，这时他的这种爱已真正升华为"大爱"。在白求恩精神的激励下，大爱无疆的精神追求始终生生不息，并在汶川地震、援外医疗、构建人类命运共同体等行动中得到集中体现。在汶川大地震救援一线，无数志愿者不顾安危抢救伤员，体现着大爱无疆；一批又一批援非医务工作者默默奉献，传达着大爱无疆；推动构建人类命运共同体，更是谱写了人类大爱无疆的新篇章。

### 三、爱岗敬业、精益求精、专注执着、勇于创新

从职业精神的维度来看，白求恩精神的原初样态主要体现在极端负责、精益求精。新时代白求恩精神所体现的职业精神内涵更为丰富，可概括为爱岗敬业、精益求精、专注执着、勇于创新。由于白求恩以医疗为职业，因此白求恩精神更为具体地体现在医学职业精神方面。

1.极端负责、精益求精

极端负责、精益求精的职业精神是白求恩精神原初样态的重要组成部分，是白求恩精神在工作实践中的具体体现形式。极端负责是职业态度的理想价值追求，白求恩是这种职业精神的典范。毛泽东称赞白求恩对工作的极端的负责任，对同志对人民的极端的热忱，认为这是真正的共产主义精神。可见，毛泽东认为共产主义精神在现实革命中不是抽象的，就体现日常工作中。在工作中极端负责、极端热忱，这是白求恩精神的精华所在，是我们的宝贵精神财富，不论是在革命战争时期，还是在社会主义建设、改革时期，这种精神都应当是我们做好日常工作的价值坐标。精益求精是职业技能的理想价值追求，白求恩是这种职业精神的楷模。毛泽东评价白求恩以医疗为职业，对技术精益求精，这既是对白求恩高明医术的赞许，也是"对于一班见异思迁的人，对于一班鄙薄技术工作以为不足道、以为无出路的人"的批评。新时代实现中国梦要有硬实力支撑，硬实力必须以精益求精的技术为坚强后盾，精益求精是新时代不可或缺的职业精神。

2.爱岗敬业、精益求精、专注执着、勇于创新

白求恩极端负责、精益求精的职业精神与新时代的劳模精神、工匠精神相互融合，并最终统一于社会主义核心价值观，熔铸成新时代白求恩精神在职业精

神维度的新样态，即爱岗敬业、精益求精、专注执着、勇于创新。爱岗敬业是新时代职业精神的重要前提，是职业态度的集中体现，是社会主义核心价值观公民个人层面的价值准则的重要组成部分。白求恩对工作极端负责、极端热忱，就是爱岗敬业职业精神的具体体现。有了爱岗敬业的职业态度，还必须有精益求精的职业技术作为支撑。人们常说，没有金刚钻别揽瓷器活儿，金刚钻就是指过硬的技术。白求恩对医疗技术精益求精，事实上体现的就是一种工匠精神，也是新时代必须弘扬、坚守的职业精神。白求恩精神所体现的爱岗敬业、精益求精不是三分钟热血，而是日积月累、一以贯之的专注执着，这也成为新时代职业精神的重要保障。对职业的执着与坚守，不能墨守成规、简单重复，而是要在实践中推陈出新，不断攀登技术高峰，因此勇于创新是新时代职业精神的生命。

3.敬佑生命、救死扶伤、甘于奉献、大爱无疆

白求恩以医疗为职业，白求恩精神最为直接地体现在医学职业精神方面，对中国医学职业精神产生了深刻的影响。2016年8月19日，习近平总书记在全国卫生与健康大会上高度赞扬广大卫生与健康工作者"敬佑生命、救死扶伤、甘于奉献、大爱无疆"的崇高精神。这十六个字精准概括了广大卫生与健康工作者的精神，体现的就是新时代医学职业精神。"爱岗敬业、精益求精、专注执着、勇于创新"是对白求恩精神的新解读，也是对各行各业职业精神总的概括。通过与新时代医学职业精神相对比可以发现，其精神实质与白求恩精神高度契合，甚至可以说，白求恩精神是医学职业精神的灵魂。敬佑生命就是爱岗敬业在医学领域的体现，这个所敬畏的"业"就是生命的重托。救死扶伤靠的就是精益求精的医疗技术。对于职业甘于奉献，具体体现就是专注执着、勇于创新。大爱无疆是医学职业精神的道德信仰，也是白求恩精神的真谛所在，是对人类命运的关切及孜孜追求。

## 四、毫不利己、自由平等、敬业友善

从道德修养的价值维度来看，白求恩精神的原初样态表现在毫不利己、专门利人。依据新时代对道德的三分法，从大德、公德、私德的角度，并依照社会主义核心价值观，白求恩精神从道德修养层面可重新诠释为毫不利己、自由平等、敬业友善。

1.毫不利己是大德的体现

"毫不利己、专门利人"是毛泽东对白求恩精神的经典概括。毛泽东提出："我们大家要学习他毫无自私自利之心的精神。从这点出发，就可以变为大有利于人民的人。一个人能力有大小，但只要有这点精神，就是一个高尚的人，一个纯粹的人，一个有道德的人，一个脱离了低级趣味的人，一个有益于人民的人。"①能做到毫不利己，才可能是高尚、纯粹、有道德、脱离低级趣味、有益于人民的人。这种毫不利己的精神，就是全心全意为人民服务的精神，就是党性纯洁的表现，就是中国传统文化中仁爱之心的最高境界，这就是"大德"的具体体现。白求恩做到了毫不利己，他作为一名优秀的外科医生，在敌人就要打过来之际，不顾个人安危，坚持给战士做完手术再撤离。情急之下，白求恩在手术时被刀伤到了手指。由于时间紧迫，白求恩仅仅做了一点点的消毒就继续做完了手术。即便在手指受伤的情况下，白求恩依然坚持工作，结果在手术中又再一次伤到了手指。即使这样，白求恩依然坚持做完了手术，受伤的战士得救了，白求恩则不幸感染中毒，以身殉职，这就是真正做到了毫不利己、专门利人。作为道德价值标准，毫不利己、专门利人，已不再是白求恩个人的"私德"，而是成为一种具有示范引领意义的"大德"。这种"大德"是我们党各个历史时期持之以恒的价值追求，也是新时代道德修养的价值坐标。

2.自由平等是公德的体现

从社会主义核心价值观角度来看社会公德，就是指自由、平等、公正、法治的社会层面价值取向。自由、平等是社会公德的重要组成部分，是公平、法治价值取向的前提和保障，同时也是白求恩精神的应有之义。白求恩亲赴反法西斯战场，就是为了消灭法西斯，建立自由平等的新中国。白求恩讲过："千百万爱好自由的加拿大人、美国人和英国人的眼睛都遥望着东方，怀着钦佩的心情注视着正在与日本帝国主义进行着光荣的斗争的中国。"②白求恩对于自由、平等的追求是一贯的。他在加拿大呼吁实行社会化医疗，并于1936年创立了蒙特利尔人民健康保障组织，帮助最需要医疗救助的人。帮助穷困的人，让他们得到应有的健康保障权利，是白求恩追求自由、平等价值观的具体行动。自由、平等作为社

---

① 毛泽东.毛泽东选集（第2卷）[M].北京：人民出版社，2009.660.

② 泰德·阿兰，赛德奈·戈登.手术刀就是武器：白求恩传[M].巫宁坤译.上海：上海文艺出版社，2005.263.

会主义核心价值的基本理念，已成为全社会的价值追求，体现了我们党继承优良传统，坚持理想目标与现实目标的有机统一。

3.敬业友善是私德的体现

从社会主义核心价值观的三个层面来看，私德是指爱国、敬业、诚信、友善的公民个人层面的价值准则。私德的四个价值维度在白求恩身上都不同程度地有所体现，但比较集中地体现在敬业和友善两方面。白求恩的敬业精神是有目共睹的，"在战地急救所，白求恩用嘴为一名中国小战士吸出伤口里的脓液；在晋察冀山区，他不分昼夜连续工作40个小时，接连做了70多个手术。"[①]因此毛泽东指出，从前线回来的说到白求恩没有不佩服的，在前线受到白求恩治疗或是看过他治疗的，没有不感动的。白求恩对病人从来都是友善的，但这也不是说，他在生活中时时都是好脾气，他也曾因发脾气向人道歉。这才是一个真实的、有血有肉的白求恩。敬业、友善是社会主义核心价值观的重要组成部分，只有每个公民都将其内化为每个人的行为规范，社会才会更加和谐，整个国家才能健康发展。

## 五、先进纯洁

先进性、纯洁性是马克思主义政党的根本政治属性，也是中国共产党的重要建党原则。但先进性和纯洁性也是具体的、历史的，在不同的历史条件下，有着具体的表现形式。白求恩精神体现的是共产党员的先进性和纯洁性，但在当时特定的历史时期，并没有形成这样的表达方式。党的十八大以来，全面从严治党不断向纵深发展，党的先进性、纯洁性要求进一步突显，是新时代党的建设的"纲"和"魂"，是加强党的长期执政能力建设的基础。因此有必要以党的先进性、纯洁性建设这条主线为价值坐标，对白求恩精神进行新的阐释，赋予先进性和纯洁性新的时代内涵。

1.延安整风的根本目的在于加强党的先进性和纯洁性

白求恩精神是延安精神的重要组成部分，同时又与延安整风存在一定的关联。毛泽东于1939年底撰写《纪念白求恩》，总结了白求恩精神的内涵，并号

---

① 张启华. 信仰、仁心与仁术——学习《纪念白求恩》[J]. 中共党史研究, 2013, (6): 79—83.

召全党学习，这既有历史的偶然性，也有必然性。白求恩以身殉职，当然是偶然的，但毛泽东敏锐地抓住了白求恩精神实质，这与当时的革命形势密切相关。毛泽东曾将党的建设总目标称为"伟大的工程"，学习宣传白求恩共产主义精神，就是为"伟大的工程"树立榜样。随之1940年初就在全党开展整风运动，反对主观主义，确立实事求是的马克思主义思想路线，保证思想纯洁；反对宗派主义，顾全党的大局，保证组织纯洁；反对党八股，整治文风，加强作风建设，保证作风纯洁。学习宣传白求恩精神也可视为整风运动前的一种思想准备和动员，学习白求恩精神与整风运动在本质上是一致的，都是为了始终保持党的思想纯洁、组织纯洁、作风纯洁。

### 2.白求恩精神彰显党的先进性

白求恩精神原初样态虽然没有先进性这样的表达方式，但不论从历史上看，还是用新时代价值坐标去衡量，都体现了党的先进性。白求恩坚定马克思主义信仰和共产主义信念，体现了世界观、价值观的科学性和先进性。白求恩党性觉悟先进，毫不利己、专门利人，做到了思想入党一生一世。白求恩医疗技术先进，用先进的医术救治伤员和群众，使他先进的价值追求和党性修养有了实践载体。革命战争时期，党的先进性具体表现为不怕牺牲、勇于战斗、冲锋在前、艰苦奋斗。如果用这样的价值标尺衡量白求恩精神，白求恩与八路军战士战斗在一起，把手术室建在最前线，为伤员不顾个人安危，充分体现了革命精神，生动实践了党的先进性 。如果用新时代党员先进性的客观标准"四个能否"衡量白求恩精神，白求恩精神依然当之无愧。白求恩做到了全心全意为人民大众服务，能够吃苦在前、享受在后，能够勤奋工作、廉洁行医，能为共产主义理想而奋不顾身去拼搏、去奋斗、去献出自己的全部乃至生命。因此，白求恩精神同样是新时代党的先进性典范。

### 3.白求恩精神彰显党的纯洁性

党的纯洁性是先进性的重要保障，也是白求恩精神的显著特征之一。白求恩思想上纯洁，自他确立了共产主义信仰，无论遇到什么样的艰难险阻，都矢志不渝。因此，毛泽东称他为"纯粹的人"，是对他思想纯洁的充分肯定。白求恩组织上纯洁。他受加拿大党组织派遣援华抗战，始终履行组织赋予的使命。他在抗战前线，作为一名普通的革命战士，按照党组织要求开展医疗工作。白求恩作风上纯洁，他作为医术高超的外国人，组织上当时为他提供了一些照顾，但始终不肯接受，并把一些待遇分给需要的八路军战士。白求恩精神彰显了党的纯洁性，是新时代必须弘扬的宝贵精神财富。新时代保持党的纯洁性，就要确保思想纯洁，用习近平新时代中国特色社会主义思想武装头脑；确保组织纯洁，严格遵守政治纪律和政治规矩，自觉做到"两个维护"；确保作风纯洁，始终廉洁奉公，追求党性高线，严守纪律底线。

## 六、铸魂育人

文化的根本作用在于以文化人、以文育人、铸魂育人。在不同的历史时期，"魂"的内涵及表现形式可能会不同，对于"人"的要求与标准也会有不同，但文化的这种功能却不会变化。铸魂育人，需要榜样的精神引领，白求恩精神始终是一面鲜明的文化旗帜。

1.文化的历史性与时代性

马克思主义认为，社会存在决定社会意识，文化现象作为社会意识的表现形式，必然取决于具体的历史条件和社会环境。在诞生白求恩精神的延安时期，中国共产党人对于文化活动是高度重视的。在延安整风过程中，针对延安和各抗日根据地文艺界存在的问题，中共中央宣传部在延安召开了文艺座谈会，毛泽东发表著名的《在延安文艺座谈会上的讲话》，为中国革命文艺发展指明了方向。但在当时的革命战争环境下，还没有对文化建设形成系统的理念和推动实践的方法，因此也就不会从文化角度专门对白求恩精神进行阐释。党的十八大以来，我们党把文化建设提升到治国理政的战略高度，文化的铸魂育人作用进一步显现。白求恩精神历经八十多年的传承，在我国早已家喻户晓，成为一种特殊的文化符号。因此从文化建设角度解读白求恩精神，发挥好白求恩精神铸魂育人的作用，助力中国特色社会主义文化建设，在新时代就变得十分必要。

2.《纪念白求恩》是铸魂育人的重要文化载体

《纪念白求恩》一文承载了白求恩精神的原初内涵，在传承白求恩精神的过程中起到了不可替代的作用，已成为文化经典。白求恩精神所体现的共产主义、国际主义、精益求精、毫不利己的价值追求，成为延安时期党员干部的精神动力，成为当时铸"魂"的精神力量。正是用这样的精神，培养了共产主义信仰坚定，不怕牺牲、勇于战斗、冲锋在前、艰苦奋斗的革命战士，并最终取得了革命的胜利。《纪念白求恩》与毛泽东的另两篇文章《为人民服务》和《愚公移山》合称"老三篇"，不仅是党员干部培训的必读内容，也成为新中国成立后学校的重要教材，成为人们不可磨灭的记忆。《纪念白求恩》伴随着中国革命、建设、改革的各个历史时期，白求恩精神滋养了一代又一代革命者、建设者和接班人，培养了一批又一批的白求恩精神的传人。

3.新时代白求恩精神的最大价值功能是铸魂育人

新时代文化建设关乎民族精神独立，事关国运兴衰。文化建设之所以如此重要，根本在于文化铸魂育人的作用。中国梦要由中国人实现，培养什么样的人是其中的关键因素。新时代要培育的人，就是担当民族复兴大任的时代新人，"这样的时代新人，应当在有自信、尊道德、讲奉献、重实干、求进取等方面，有新风貌、新姿态、新作为"[①]。培养能够担当民族复兴大任的时代新人要有文化灵魂的引领，这个"魂"就是中国特色社会主义文化。中国特色社会主义文化博大精深，需要具体文化形态的潜移默化的影响，白求恩精神就是其中极为宝贵的组成部分。白求恩精神历经八十载，铸魂育人的价值功能历久弥新，在新时代焕发着新的活力。对于共产党员来讲，全面从严治党向纵深发展，加强党的建设要求党员必须信念坚定、对党忠诚，始终保持党的先进性、纯洁性，白求恩精神永远是一面旗帜。对于普通人来讲，爱岗、敬业、友善是个人道德的基础，白求恩精神同样是一面需要高高举起的旗帜。

---

① 中共中央宣传部. 习近平新时代中国特色社会主义思想三十讲[M]. 北京: 学习出版社, 2018: 197.

# 第四章　新时代医德医风的特点、状况、问题与出路研究

有关医德医风的理论和实践源远流长。我国唐代有孙思邈的《大医习业》和《大医精诚》，古希腊有《希波克拉底誓言》，毛泽东同志撰写的《纪念白求恩》一文更是为大众所熟知。随着经济、社会的不断发展变化，我国的医德医风也随之发生了变化。改革开放以来，我国社会整体呈现了飞速发展的态势，医疗卫生行业也实现了大发展、大飞跃，同时也出现了新的时代特点和新的问题。由于医疗卫生行业发展与人民群众生命健康息息相关，这就决定了医德医风建设事关人民健康福祉，事关医疗机构及医疗行业的健康发展，事关社会主义和谐社会的稳定。所以，必须立足新时代这样一个历史方位，着力强化医德医风建设，不断提升医务人员的职业道德和医疗水平，树立行业的新形象。

## 第一节　新时代医德医风的内涵

### 一、新时代需要强化医德医风建设

医德的出现与发展离不开人类开展的一系列医疗实践活动，有着悠久的历史渊源，从历代的著述便可略知一二。中国古代儒家有"医乃仁术"的医者道德追求。唐代著名的医者孙思邈也提出过有关医者道德的论述，并著有《大医精

诚》，"精"，即医术要精；"诚"，即品德要好，"若有疾厄来求救者，不得问其贵贱贫富，长幼妍媸，怨亲善友，华夷愚智，普同一等，皆如至亲之想"，对病人富有同情心，一视同仁。清朝吴瑭曾在《温病条辨·序》中提及，"生民何辜，不死于病而死于医，是有医不若无医也，学医不精，不若不学医也"。医学家、医德楷模林巧稚也说："我是一个大夫，大夫有大夫的道德！我看了40多年的病了，哪个人应当收留住院，哪个人不应当收留住院，要看他们的病情，不管他是谁。"古希腊最著名的医者希波克拉底被尊为"西方医学之父"，他在《希波克拉底誓言》中提出了以下宗旨原则：对知识传授者保持感恩之心；遵守为病家谋利益之信条；绝不利用职业便利做缺德乃至违法的事情；严格保守秘密，尊重个人隐私。1948年世界医学会（WMA）制定《日内瓦宣言》时，对誓言加以修改，将其作为国际医务道德的规范①。

"德不近佛者不可为医，术不近仙者不可为医。"德对于医者的重要性不言而喻。对于医务工作者而言，精湛的医术是基本前提，但更重要的则是医德，即在医学道德范畴上要遵守的道德准则和职业操守。习近平总书记在与北京大学师生座谈时发表讲话指出，"核心价值观，其实就是一种德，既是个人的德，也是一种大德，就是国家的德、社会的德。国无德不兴，人无德不立"②。无论是就医务工作者而言的医德，还是就个人而言的道德，都对社会发展、国家富强起着重要的作用。医学道德对于整个医学活动具有重要作用，是医学不可分割的重要组成部分。

医学道德是指医务工作者在医疗卫生服务中所应遵循的行为准则、行为规范以及应当具备的道德品质，可以简称为"医德"。医德具有一定的特殊性，这是由于医德具体体现在医务工作者与患者的关系中，体现在医务工作者的具体实践活动中，是职业道德与职业行为的外化体现。患者是一个个具有意识、思想与情感的个体，因此，医德强调的范围是广泛的，包含了医务工作者自身的道德品质，面对患者的诊疗态度、医疗服务与医疗技术水平，以及工作的方式方法和个人思想意识等。因此，医德对改善医患关系意义重大，良好的医德对患者疾病康复以及医患和谐关系构建具有十分重要的促进作用。

---

① 鲁英. 论医学人道主义的发展及其对医德建设的启示[J]. 医学与社会, 2006, 19（10）: 27—29.
② 2014年5月习近平与北京大学师生座谈时的讲话。

医德与医术，二者不可分割，相互联系，相辅相成，相互促进，共同统一于医务工作者的具体医疗实践活动中。具有高尚医德的医务工作者能够深刻理解身为医者的责任与义务，不仅会努力提升自己的职业素养，增强社会服务意识、社会责任感和时代使命感，也会对自身的医术有着更高的要求，力求医术上精益求精，能够更好地服务患者。

医德是社会意识形态的一定体现，社会经济关系的发展变化会对医德产生影响。恩格斯认为："人们自觉地或不自觉地，归根到底是从他们阶级地位所依据的实际关系中——从他们进行生产和交换的经济关系中，吸取自己的道德观念。"①列宁也曾提出，"为巩固和完成共产主义事业而斗争，这就是共产主义道德的基础"②。我国的医德建设是以社会主义公有制经济为基础，同时配合先进的医疗技术创新，利用中国特色社会主义市场经济推动医疗卫生事业的持续发展，并始终以为人民服务作为根本方针和导向。医德医风建设一定不能将市场经济中的逐利性、利己性等不利因素带到卫生事业及其相关的实践活动中，否则就违背了从医的初衷和社会主义道德，也会直接影响到医学的健康发展。因此，医德医风体系的建设就在于最大限度地减少甚至克服市场经济对卫生事业带来的负面影响，并最大化医德的积极作用。医德是社会主义精神文明建设的重要内容，是建设中国特色社会主义必不可少的精神支柱。因此，要着力加强医德医风建设，激励引导医务工作者更好地为广大人民群众的健康服务，为实现中华民族伟大复兴的中国梦不断努力。

医德作为医疗卫生行业职业道德体现的总体概括形式，是受社会道德所影响的，因此，医务工作者的职业道德与职业行为共同受社会公德和医德所规范的。《公民道德建设实施纲要》对公民基本道德规范的内容概述为"爱国守法、明礼诚信、团结友善、勤俭自强、敬业奉献"③。医务工作者首先是作为公民存在的，应当遵守公共生活中的社会公德，这直接对其工作实践中遵守医德规范有着良好的促进作用，实现了内化吸收与外化践行的有机统一。职业道德对个人行为具有重要指导作用，这同样体现在社会道德中。"职业的本质，是社会职能专

① 马克思恩格斯选集（第3卷）[M]. 北京: 人民出版社, 1995: 133.

② 列宁选集（第4卷）[M]. 第355页.

③ 中共中央关于印发《公民道德建设实施纲要》的通知［R］. 中华人民共和国国务院公报, 2001,（32）.

业化和人的角色社会化的统一。"[①]不同的劳动分工产生了不同的职业，不同的职业形成了不同的职业道德，医德是一般职业道德在医疗卫生领域的特殊表现。《公民道德建设实施纲要》中针对社会从业人员的职业道德提出了总体要求，即"爱岗敬业、诚实守信、办事公道、服务群众、奉献社会"[②]。全心全意为人民服务是社会主义职业道德的核心，是所有从业人员应当遵守的最为根本的职业准则。救死扶伤、治病救人是医学的目的，也是医务工作者的光荣使命。医德医风教育的最基本内容应当是敦促医务工作者树立全心全意为人民服务的宗旨和爱岗敬业、救死扶伤的理念，切实担负起医务工作者应当承担的义务与职责。

医风是社会风气在医疗卫生行业这一具体范围中的体现。社会风尚是一种蕴含或表现为社会意识、社会行为和社会心理的内在复杂关系，为某一时期某一特定群体所共同遵循的思想意识、行为方式和心理惯性[③]。医风是医务工作者的道德品质、价值取向、精神风貌、观念态度、行为规范的总概括，体现在其具体职业行为当中，并经群体职业行为形成了一种潜移默化的环境氛围，能够深刻地影响医务工作者的思想和行为。医风是医疗卫生行业的软性规范，具有一定的规范和约束作用，良好的医风能够促进医务工作者自觉遵循职业道德的约束，树立服务意识、责任意识，全心全意为人民健康服务。同时，医风是社会风气的一个组成部分，间接反映和影响着社会风气。优良的社会风气会促进医风的好转，良好的医风也会促进社会风气的建设，因此必须下大力气加强医风建设，培养医德端正、医风高尚的医疗工作者队伍，更好地为广大人民群众服务。

医德与医风既相互联系又相互区别。医德是医务工作者所应遵守的职业道德规范与行为准则，及其自身所具备的道德品质，可以通过对医务工作者个人进行教育或惩戒来培养。医风则是医疗卫生行业整体呈现出的风气，形成和发展于医疗实践活动中，与社会整体风气有着千丝万缕的关系。医德对医风具有决定性作用，医风则对医德具有推动作用。医疗卫生行业风气的好坏，会影响到每一位医务工作者，良好的医风会促使医务工作者强化医者责任，加强对个人职业的理解与尊重，能够有效促进医务工作者形成并继承发扬优秀医德医风。

作为为人民健康保驾护航的医疗卫生事业，与每一个人都息息相关。具体

① 李德顺. 论职业道德[J]. 中共山西省委党校学报, 1996 (6).

② 《中共中央关于印发〈公民道德建设实施纲要〉的通知》[R]. 中华人民共和国国务院公报, 2001, (32).

③ 张静芳, 王蓓蕾. 论核心价值观视域中的社会风尚[J]. 学海, 2015, (06): 132—135.

而言，医德医风的基本内容包括：一是救死扶伤，全心全意为人民服务；二是尊重患者的权利，为患者保守医疗秘密；三是文明礼貌，优质服务，构建和谐医患关系；四是遵纪守法，廉洁行医；五是因病施治，规范医疗服务行为；六是顾全大局，团结协作，和谐共事；七是严谨求实，努力提高专业技术水平①。党的十八大报告提出了社会主义核心价值观的"三个倡导"，即"倡导富强、民主、文明、和谐，倡导自由、平等、公正、法治，倡导爱国、敬业、诚信、友善"，为全体社会成员提供了基本的价值准则与行为标准。习近平总书记指出："核心价值观，其实就是一种德，既是个人的德，也是一种大德，就是国家的德、社会的德。"②社会主义核心价值观适用于全体人民，具有一定的普遍性，体现了一个民族、一个国家的道德理想和精神追求。医德是医务工作者在从事医疗实践活动中体现的职业道德，是社会主义核心价值观中的"个人的德"。社会主义核心价值观为医德建设提供了新的价值导向和思想引领，加强医德医风建设则是践行社会主义核心价值观的重要内容。因此，我们要通过培育和践行社会主义核心价值观，不断强化医德医风教育，展现医务工作者的优良品德和行业风貌，为医疗卫生事业的健康发展提供思想保证和精神动力。

## 二、新时代医德医风的特征

医德医风是历代医务人员在医务工作实践中逐渐积累而生成的，在医疗实践活动中产生，并在医疗实践中丰富和发展。总体而言，医德医风具有以下一些基本特征。

### 1.普适性

医学是在为人类消除疾病、增进健康的过程中产生和发展的，对每一个民族、每一个国家都具有普遍性和实用性。同时，医务工作者以医疗实践为全人类的健康服务，他们所遵循的救死扶伤、实行人道主义的医学道德原则，无关国籍、无关地域，具有一定的普适性。

党的十八大以来，习近平总书记多次提出"构建人类命运共同体"的倡

---

① 中华人民共和国卫生部. 医务人员医德规范及实施办法. 1992.10.14.
② 《习近平谈治国理政》. 外文出版社. 青年要自觉践行社会主义核心价值观. 第168页.

议，强调"当今世界正在发生深刻复杂的变化，和平、发展、合作、共赢的时代潮流更加强劲，各国越来越成为你中有我、我中有你的命运共同体"①。"当今世界，人类生活在不同文化、种族、肤色、宗教和不同社会制度所组成的世界里，各国人民形成了你中有我、我中有你的命运共同体。"②人类命运共同体思想超越了种族、文化、国家与意识形态的界限，内涵丰富，意义重大，为更好地保护人类生命和健康提供了全新视角。

"构建人类命运共同体"的提出，让世界各国联系更加紧密，命运共同体的意识变得更加强烈，也进一步密切了医学的全人类性。医学的发展造福世界各国人民，推动了世界人民健康水平的进步，是全人类共同关注的重要领域，符合全人类共同利益，也在一定程度上决定了医德医风的全人类性。高尚的医德医风是任何一个国家的医疗卫生事业都需要的，所有的人都希望医务工作者能够具有良好的职业操守和职业道德，坚守救死扶伤、治病救人的责任和理想。

随着医学的不断进步与发展，许多长期折磨困扰人类的疾病已经被攻克，但是一些世界性的疾病仍然需要全体人类去共同面对和解决，这也是人类共同承担的责任与义务。"共享"是贯穿于人类命运共同体理论中的一个重要价值理念。习近平总书记指出，"构建人类命运共同体，实现共赢共享"，"在开放中分享机会和利益、实现互利共赢"，"让发展更加平衡，让发展机会更加均等、发展成果人人共享"。世界各国的医学发展成果都应当由全人类来共享，不断提高人民群众的健康水平，增进世界人民的健康福祉。

2.时代性

医德医风作为一种医学职业道德标准，并不是永恒不变的，它是随着社会的意识形态及社会环境而变化的。医德医风的形成和发展受到社会历史条件的制约，归根结底是由社会经济关系所决定的。今天的医德医风不同程度上继承了历史上各个不同时期的医德医风内容，同时每个时代也有每个时代的医德医风。时代在变化，医德医风也在不断变化。

医德是在解决各种问题，处理各种关系中不断充实、完善和提高，具有时

---

① 习近平. 弘扬和平共处五项原则建设　合作共赢美好世界——在和平共处五项原则发表60周年纪念大会上的讲话[N]. 人民日报，2014-06-29.

② 习近平. 在联合国教科文组织总部的演讲[N]. 人民日报，2014-03-28.

代性①。我国传统医德的基本原则是"志怀救济，普同一等"，当代医德的基本原则是"防病治病、救死扶伤，实行革命人道主义，全心全意为人民身心健康服务"②。医德基本原则的发展变化体现了时代发展特征。医学和医德医风具有紧密的联系，从历史角度来看，医学是时代发展的产物，医德也是时代发展的产物。随着社会的不断进步，人类对于疾病的发病原因、发展趋势、诊断方法、治疗方式等都有了一个全面的认识和思考，对医务人员的道德素质、医学伦理素质等方面也有了更深的认识，要求医德医风能够体现新时代的要求和变化。

对医务工作者而言，其自身所具有的医德医风不仅仅体现在诊疗过程中对病人的无限关爱、为群众健康服务的奉献付出，体现在对"大爱无边、生命至上"信念的执着坚守、对医疗技术的精益求精，同时还应体现在对人们心理健康的深切关注、以医患和谐促进社会和谐的不懈努力。因此，广大医务工作者要在树立、遵守良好医德医风基本原则的基础上，与时代同向同行，着力以自身端正的医德医风，为新时代医疗卫生健康事业发展凝聚正能量、增添新风气。

3.传承性

医学最初的产生是为了治疗疾病，这一根本宗旨始终未曾改变。医学发展至今，经历了传统医学、实验医学和现代系统医学等不同发展时期，由最初的个体经验传承，已经发展成为一个严密复杂的综合体系。医德与医学紧密联系。中华传统医学在其发端之初，就同时产生了一些优秀传统医德，从传说的伏羲制九针、神农尝百草，到张仲景的"上以疗君亲之疾，下以救贫贱之厄，中以保身长全，以养其生"，从董奉的"杏林春暖"，到孙思邈的"精勤不倦，大医精诚"，中医医德历经一代代医家的言传身教而不断传承弘扬，经久不衰。这些一直被世人提倡和颂扬的医德，对现代医学依然具有很好的借鉴、指导作用。对于医务人员来说，专业能力不足可以靠后天的培养来提高，但如果没有高尚的医德医风，即便医术再高明，也不能称之为合格的医生。当然，继承传统优秀医德医风，并非要求一成不变，而应遵循唯物辩证法原理，在"扬弃"中实现发展，不断赋予传统优秀医德医风以新的时代内涵。

① 杨冉. 新形势下我国医德建设问题研究. 山西师范大学, 2017.06.06.

② 伍天章. 医学伦理学[M]. 北京: 高等教育出版社, 2008.

## 4.系统性

医学涉及人类健康以及生活的诸多方面，拥有非常广泛的领域，一些医疗实践活动的内容更是多种多样、千差万别。现代医院如同一个时刻运转的巨大机器，医疗、放射、护理、药剂等各个部门犹如不同的零件，它们既独自运转，同时也相互合作、相互制约，总体上构成一个稳定的体系。无论是传承发展医学，还是维持医疗系统的良性运转，医德医风建设都是一项十分必要的工作，也是一项复杂的系统工程，需要用系统的方法和措施来推进。要在继承发扬优秀传统医德医风的同时，针对当前医德医风建设存在的问题，分析其产生原因，结合新时代的新形势、新特点与新要求，进行系统的整理并赋予其新的时代内涵。要以习近平新时代中国特色社会主义思想为引领，系统加强广大医务工作者的思想品德、职业道德教育，推动医德医风建设时代化、现代化，推动广大医务工作者涵养优秀医德，像白求恩那样，做一个全心全意为人民服务的好医生。

# 第二节　新时代医德医风的作用

## 一、医德医风与人民利益

习近平总书记指出："我们的人民热爱生活，期盼有更好的教育、更稳定的工作、更满意的收入、更可靠的社会保障、更高水平的医疗卫生服务、更舒适的居住条件、更优美的环境，期盼孩子们能成长得更好、工作得更好、生活得更好。人民对美好生活的向往，就是我们的奋斗目标。"人民是社会历史的创造者，是推动社会进步的力量。把人民群众的利益放在首位，是党和国家全部工作的出发点和落脚点。人民群众的利益是具体的、多元的，而生命健康权则是每个人最基本、最高的人身利益。新时代人民群众的需求已从保证基本物质文化生活需要转变为对美好生活的向往。①随着我国社会基本矛盾的变化，我国的医疗卫

---

① 习近平. 决胜全面建成小康社会, 夺取新时代中国特色社会主义伟大胜利——在中国共产党第十九次全国代表大会上的报告[N]. 人民日报, 2017- 10-28（1—5）.

生事业也从最基本的救死扶伤逐渐转变为为人民群众提供更优质的健康服务，这是医学必须承担的责任与义务，既需要医疗技术的不断发展作为"硬支撑"，也需要良好的医德医风作为"软支撑"。每一位医务工作者应当坚持全心全意为人民服务的宗旨，树立良好医德医风，更好地履行医者的责任与义务，为构建和谐医患关系、维护人民群众生命健康贡献力量。

医德是协调和改善医患关系，缓解"看病难看病贵"的基础①。随着我国经济社会的发展进步，医疗改革也不断深入，我国的卫生健康事业也取得了历史性成就。在取得巨大成绩的同时，卫生健康事业也面临着许多问题，"看病难、看病贵"的现象依然存在，医患关系紧张的问题仍未得到根本解决。

一方面，医疗资源不充分不平衡的问题较为突出。目前，我国的医疗资源与人民群众的实际需求相比，还是十分匮乏的。按照国际每万名居民配置5到6名全科医生来计算，我国至少需70万名全科医生，目前，我国注册全科医生仅为20.9万人，缺口仍然很大。②相关的医疗资源分配也不够均衡，只有省会城市或者是一些大城市能够享受到大部分优质的医疗资源。老百姓"看病难"的情况普遍存在：不管是大病还是小病，只要是去大医院就诊，都要面临难挂号、排手术、缺病床等难题。近年来，受多种因素的影响，药品的原材料价格持续上涨，2018年，有的原料药品种甚至在短短一个月内，就从原本的几百块涨到数万元，涨幅达数十倍。以感冒药常用原料药氯苯那敏为例，一个月间其价格就从每公斤400元左右涨到每公斤23000元，暴涨约58倍。③还有部分医院通过不断地引进高科技先进设备和治疗仪器来提高竞争力，同时提升收费标准、增加收费款项，医院运行成本不断提高，进而导致老百姓看病成本加大，客观上加重了人民群众的就医负担。另一方面，部分医务人员自身存在医德医风下滑的现象。在经济利益驱动下，部分医务人员确实存在"吃回扣""拿红包""开大处方"等现象。

由于医疗质量和安全关系到人民群众的切身利益，因此，医德医风建设一定要"保质保安"——保证医疗质量，保证医疗安全。目前，社会上普遍存在

---

① 冷明祥，赵俊，唐晓东，李正关. "看病难看病贵"的形成之因与缓解之策[J]南京医科大学学报（社会科学版），2008.6.（2）：93—95.

② 郝雪. "看病贵、看病难"是否缓解——来自黑龙江省部分政协委员的调研[D]. 人民政协网：http：//www.rmzxb.com.cn/c/2018-06-13/2084024.shtml.

③ 原料药价格上涨原因分析｜原料药垄断如何打破? https：//www.xianjichina.com/news/details_82585.html

的医疗纠纷事件多数源自医务工作者的服务态度欠缺的问题，以及医患关系不对等、医患信息不对等问题，从而产生一系列的医疗纠纷。

良好的医德医风可以整体提高医务人员的责任感和使命感，医务人员面对患者时也将具有更多的耐心和细心，以及良好的服务态度，进而减少误诊情况的发生，这对于构建和谐的医患关系发挥着重要作用，同时也有助于保证医疗质量，减少医患纠纷。

《"健康中国2030"规划纲要》中指出，"健康是促进人的全面发展的必然要求，是经济社会发展的基本条件，是国家兴旺发达的重要标志，是广大人民群众的共同追求"[①]。健康是权利同样也是责任，政府和医疗机构应当肩负起各自的职能和责任担当。党的十九大提出了中国特色社会主义已经进入了新时代的伟大论断，在新时期的大背景下，我们肩负着新时代的责任与要求，我们要以习近平新时代中国特色社会主义思想为指导思想，始终坚持以人民健康为根本中心，以满足人民群众的健康需求为根本方向，全方位、多层次地为人民提供多元的健康服务。推动实施健康中国战略，坚持共建共享，在满足区域医疗卫生服务的同时，致力于为人民群众提供更加优质、更加满意、更高质量的医疗服务，切实解决当前存在的医疗问题，加强医德医风建设，为人民群众的生命健康保驾护航。

医者首先要拥有一颗仁心，其次才是治病救人。关注人民群众的生命健康，真正设身处地为患者治疗，对于医务人员而言，良好的医德医风，不仅是职业道德和职业责任感的体现，更有利于医生和患者之间信任感的进一步增强，整体提高患者满意度，有利于患者疾病的治疗和康复，构建和谐的医患关系，提高人民群众的健康水平，助力于医疗服务质量提高和我国医疗卫生事业的稳步发展。

## 二、医德医风与卫生事业

《中共中央、国务院关于卫生改革与发展的决定》中指出，"我国卫生事业是政府实行一定福利政策的社会公益事业"，卫生事业其实不是一种商业活

---

① 《"健康中国2030"规划纲要》(中共中央、国务院于2016年10月25日印发)

动，它更多地追求社会效益，并且最终的目的是为了不断提高公民健康，促进个人的身心全面发展，因此，卫生事业具有一定的公益与福利性。它的发展具有阶段性，并且不同时期的卫生事业侧重的内容也大不相同。"卫生事业，是指增进人民健康所采取的组织体系、系统活动和社会措施的总和，这些组织和活动以追求社会效益为目的，由政府领导并提供必要的经费补助。"①医疗卫生事业的主要目的是保护人类健康，以人民生命健康为根本目标和毕生追求，因此政府对这种保护提供了一定的制度和体制保障。

在2016年召开的全国卫生与健康大会提出，"没有全民健康，就没有全面小康"可以说对我国卫生与健康事业发展具有里程碑的意义。会议确立了卫生与健康的新的工作方针，并提出"以基层为重点，以改革创新为动力，预防为主，中西医并重，将健康融入所有政策，人民共建共享"。②习近平总书记提出，要把人民健康放在战略发展的优先地位，需要普及健康生活、优化健康服务、完善健康保障、以健康产业为重点，加快推进健康中国的建设之路，努力为全方位、全周期的人民健康打下保障，将"健康"和"卫生"并列，这表明了我国对人民健康的高度重视，也体现了党中央、国务院的卫生与健康工作实现了新发展，迈入了新征程。

我国健康中国战略的主题是"共建共享，全民健康"。"努力全方位、全周期保障人民健康"是当前一段时间内，我国医疗卫生行业发展的目标和方向。由此可以看出，我国发展历程中坚持的全心全意为人民服务的宗旨，它是我国医疗卫生事业不断前进发展，不断提升保障人民群众健康意识的体现。

中共中央、国务院印发的《"健康中国2030"规划纲要》中提出："健康是促进人的全面发展的必然要求，是经济社会发展的基础条件，实现国民健康长寿，是国家富强、民族振兴的重要标志，也是全国各族人民的共同愿望。"③人民身体健康优良是"每个人自由且全面发展"的重要前提和保障。马克思曾提到，每个人都要自由且全面地去发展，但是，这种性质的发展和成长不仅仅涵盖一个人精神层面的素质修养与社会涵养，也包括了一个人身体最基本的健康素质。因此，医疗卫生事业的发展在保证人民健康优良、提高全民族素质修养中占

① 梁万年. 卫生事业管理学[M]. 北京: 人民卫生出版社, 2007: 1.

② 习近平. 在全国卫生与健康大会上的讲话（2016年8月19日）. 中共中央办公厅通讯, 2016（9）.

③ 中共中央国务院印发《健康中国"2030"规划纲要》. www.gov.cn.

据着重要地位。

随着人类的发展演进，医疗卫生事业也随之慢慢进入现代社会生产之中。因此，"神农氏尝百草"、仁爱救人等这样保护健康和关爱病患的行医理念和思想千古流传至今。这种行医理念体现的是人类氏族社会的互相扶持、相互关心，激发的"慈善"意识也会相应地随着生产力发展而不断改善和提高，并以医院建筑为主要环境场所，为人类健康提供相应的保护，这是现代社会医疗卫生事业所彰显的"公共慈善"和"以社会公共财力和社会公共力量保护全民的健康，由此形成的体系体制，构成现代社会的卫生事业"[①]。

因此，医疗卫生事业的发展在整个新时代社会主义中具有重要的特殊性，"卫生事业在保障社会成员健康的同时，还具有缓解因病致贫、缓和社会矛盾、和谐人际关系、保护弱势群体、促进经济公平和道义公平等作用"[②]。医疗卫生事业的发展在某种程度上，彰显了对社会主义公民在人文等层面的关怀和体恤。它不单单承载着传递使命的责任和义务，同时对医务工作者在整个医疗卫生事业中加强自身医德医风建设的过程也具有重要作用。

医疗卫生事业的发展不仅体现在物质文明的发展，也体现在精神文明的发展，并且随着医疗技术的提高以及资本在医学发展过程中的逐渐深入，使得整个医疗卫生事业愈发需要良好的医德医风体系作为制度支撑。"上医医国，中医医人，下医医病"，它意味着医疗卫生事业的发展会涉及社会主义公民的根本及基本利益，良好的医德医风可以提升医务工作者治病救人的服务意识和服务理念，也能够肩负国家、政府对社会主义公民关心爱护的使命和责任，从而进一步推进卫生事业实现更好发展。

### 三、医德医风与医院发展

完善的医德医风体系建设是一所医院的灵魂工程。医院要具备完善的医德医风体系，不仅对外要求医务工作者树立良好的形象，加强医德医风建设，而且对内要求提升医疗服务质量，不断增强医院核心竞争力。

---

① 王克春. 卫生事业本体之道[M]. 杭州: 浙江大学出版社, 2015: 29.
② 梁荣迅. 社会发展论[M]. 济南: 山东人民出版社, 1991: 245—250.

完善的医德医风的体系建设和发展同医院的生存发展脉络紧密相连，是一所医院核心竞争力的重要组成部分。一所医院的全面发展离不开患者满意度的提升，而患者满意度的提升在一定程度上取决于医院良好医德与医风的氛围。加强医德医风建设，是加强医院精神文明的重要体现，是医院提高竞争力，促进全面稳步发展的基础保障。

随着社会主义市场经济体制的改革和发展，我国社会生产力不断提升，人民群众生活水平也随之提高，对优质医疗也提出了新的需求。因此，医疗市场的水平、环境以及文明服务也呈现了更多元、更丰富、多层面的发展，同时也更加注重医德医风的建设。医德与医风建设的发展水平，直接反映了医务工作者的职业道德水平和医疗服务水平的实际状况，是社会对医院是否认可给予肯定的标准之一。医院良好的医德医风，对于树立医院品牌形象具有不可或缺的重要作用。因此，抓好医德医风建设是推动医院全面发展的重要内容，也是医院行风建设的需要，也是医院精神文明建设的需要，是促进医院可持续发展的重要精神动力，是推动我国社会主义医疗卫生健康事业发展的需要。

医院是医德医风建设的主体，必须从促进医院生存发展的需要及有利于广大人民群众的医疗服务需求出发，来加大医德医风建设的力度。[①]医德医风品质的建立和管理，是一所医院自我管理体现的重要方式之一。一般来说，一所医院的有序管理是建立在一系列完善的规章制度基础之上的。因此，医务工作者是否对此规章制度认可和遵守，直接影响到医院的管理建设。良好的医德医风，能够潜移默化地促进医院形成良好的就医氛围，使得医务工作者在良好的医德医风氛围中，不断提升自身对医院规章制度的认同，从而进一步增强自觉遵守医院规章制度的思想意识。同时，医德医风作为对医务工作者的内在职业道德约束，对医院的各项规章制度具有重要的补充作用。医院就像一个巨大的机器，如果想要高效运转，就需要各个部门、各个科室，以及全体医务工作者之间的沟通协作和交流配合，因此医院具备良好完备的医德医风建设，能够有效减少摩擦，实现高效管理。良好的医德医风是一种无形的积极力量，能够有效凝聚起推进医院建设发展的正能量。

---

① 朱士俊. 大力推进以德治院促进医院精神文明建设. 中华医院管理杂志，2002，18：399—401；谢承钧. 良好的医德是发展医院经济的内生性资源. 中华医院管理杂志，2002，18：364—365；崔保善. 坚持与时俱进不断把医德医风建设引向纵深. 东南国防医药，2003，5（1）：3—4.

# 第三节　新时代医德医风的状况

## 一、总体趋势

医德医风建设，不仅是加强医疗卫生行业作风建设的重要工作，也是我国社会主义精神文明建设的重要内容之一。社会主义医德基本原则是社会主义医德建设的核心，是指导社会主义医德建设体系构建和社会主义医德规范细化的重要内容[①]。马克思、恩格斯在唯物史观的基础上，从人类的社会实践和历史发展中探索道德起源，把道德作为社会的、历史的现象进行研究，系统地阐述了道德的本质。道德是一种社会意识，不同的社会条件下，就会产生不同的道德。马克思、恩格斯对于道德进行了阐述，认为人们的道德观念和道德意识，都是从阶级社会当中逐渐形成和发展的，是社会关系和经济关系的一种体现[②]。

我国现阶段的医德医风建设，经历了不断的发展变化而来的。我党的根本宗旨是全心全意为人民服务，医德医风建设的核心也是根据"为人民服务"所开展的。伴随着我国医疗卫生事业的不断发展，医德医风建设也日渐引起社会的高度重视，《医务人员医德规范及实施办法》《中国医师道德准则》等条文的颁布，以及医德医风教育的持续开展，医疗卫生行业作风建设的不断加强，我国医德医风建设取得了显著成效。

2017年8月，习近平总书记在全国卫生与健康大会上提出，"长期以来，我国广大卫生与健康工作者弘扬'敬佑生命、救死扶伤、甘于奉献、大爱无疆'的精神，全心全意为人民服务，特别是在面对重大传染病威胁、抗击重大自然灾害时，广大卫生与健康工作者临危不惧、义无反顾、勇往直前、舍己救人，赢得了全社会赞誉"[③]。我国的广大医务工作者始终不忘医者的坚定信仰，恪尽职守，积极践行社会主义核心价值观，凭借高尚医德和精湛技术，以大无畏的精神，全

---

① 杨冉. 新形势下我国医德建设问题研究. 山西师范大学, 2017.06.06.

② 马克思恩格斯选集[M]. 第3卷. 北京：人民出版社, 1995：434.

③ 习近平. 在全国卫生与健康大会上的讲话（2016年8月19日）. 中共中央办公厅通讯, 2016（9）.

心全意为人民服务，为构建和谐医患关系和促进医疗卫生事业发展做出了突出贡献，为加强社会主义道德建设发挥了重要的基础作用，为推动我国医疗卫生事业不断进步做出了积极贡献。广大医务工作者具备的"敬佑生命、救死扶伤、甘于奉献、大爱无疆"精神，影响着各行各业，不仅使社会公民受到了鼓舞，也促使社会公民在道德品质上受到了良好的熏陶，使得我国医德医风建设总体上呈现出了良好的社会氛围，有利于我国社会主义的精神文明建设。广大医务工作者默默无闻，在各自岗位上辛勤付出，在抗击重大自然灾害和突发疾病事件时，他们勇往直前。在全国抗击非典、汶川大地震等救援事件中，他们用自己无私奉献的精神冲向一线，让人民群众认识到了广大医务工作者的神圣职责和勇于担当，他们凭借自身崇高的医德医风，促使我国的优秀传统美德通过加强医德医风建设工作不断得以继承和弘扬，给人民群众带来了正能量，用他们的集体主义精神和全心全意为人民服务的宗旨，推动了我国医德医风建设的发展，为我国社会主义精神文明建设起到了积极的促进作用。

但在我国医疗卫生事业发展的同时，人民群众"看病难、看病贵"的问题还没有得到根本性的解决，医患矛盾问题、医疗资源分配不公等部分突出问题依然存在，医德医风存在"滑坡"现象。随着市场经济的深入发展，"市场意识"被过度渗透到公共领域①，市场竞争对传统的医德观产生了不可估量的冲击，医德医风问题日益成为社会的"热点"、医院管理的"难点"②。部分医疗机构和医务工作者的价值观出现了偏差，重经济效益，轻视社会效益，使医患关系紧张问题愈加严重，医疗卫生行业的整体形象受到了损害，部分医务工作者出现了背离职业道德，只注重追逐经济效益，缺乏责任感和道德感的现象，部分医务工作者为经济利益而损害患者切身利益，如开大处方、滥检查、使用进口昂贵药品等，不仅加重了患者经济负担，产生医患矛盾，也加大了医疗资源的分配不均和过度浪费。因此，我国当前的医疗卫生事业发展必须要大力持续加强医德医风建设。

人民群众对优质医疗服务需求的增长，以及对健康关注程度的提高，使我

① 冷明祥, 赵俊, 唐晓东, 李正关. "看病难看病贵"的形成之因与缓解之策[J]. 南京医科大学学报（社会科学版）, 2008. 6（2）: 93—95.

② 孟煜, 励蓓云, 张敏明. 当前医德医风建设面临的问题与对策[J]. 解放军医院管理杂志, 2007, 14（7）: 555.1

们在进一步贯彻落实"健康中国"战略的过程中，在坚持为人民服务的宗旨的同时，要正确处理社会效益和经济效益的关系，把社会效益放在首位[①]，在以习近平新时代中国特色社会主义思想引领下，我们要以人民群众的生命健康作为工作的出发点和落脚点，在良好的医德医风基础上，不断提升医疗服务水平和医疗服务质量，推动我国医疗卫生事业不断发展。

## 二、存在问题

随着近年来医患关系的日趋紧张，医患矛盾也引起了社会公众的广泛重视。医疗纠纷发生率呈现上升趋势，医患之间信任度降低，冲突不断发生，甚至产生了不良冲突事件，部分医务工作者收受患者红包、回扣等行为，在社会上产生了诸多负面影响，影响了医疗卫生行业的整体风气，以至于部分患者对医务人员的认识存在"刻板印象"。医患矛盾问题的存在，对于医疗卫生行业的医德医风建设提出了重要难题，新时代下的医德医风存在的问题主要如下：

从社会角度上来看，自改革开放以来，我国经济呈现又好又快的发展态势，社会环境也愈加多样和包容，人们接触中西方文化和多元价值观的同时，也出现了部分医务工作者道德缺失的问题。道德建设是我国精神文明建设的重要部分之一，传承我国自古以来的传统美德，增强道德感，是我们每个人义不容辞的责任。我国《公民道德建设实施纲要》中要求，行业的行为准则是所有从业人员必须严格遵守的规则，并大力倡导在我国建立以"爱岗敬业、诚实守信、办事公道、服务群众、奉献社会"为主要内容的职业道德[②]。但如今，受市场经济和利益驱动等因素的影响，有些医务工作者背弃了从业之始的誓言，行业里屡见不鲜的失德现象和为一己私利侵害他人权益的事件时有发生，以至于我国当前存在着部分公民道德缺失的问题。

从医院角度来看，大型公立医院为社会公益性医院，不以营利为目的，宗旨是全心全意为人民服务，保障人民群众生命健康，满足人民群众的区域医疗卫生健康需求。但目前部分公立医院也存在一定的问题，比如医院管理、分配体制

---

① 奚松. 公立医院社会责任的边界与价值诉求[J]. 中国医院, 2009, (4): 23—25.

② 杨冉. 新形势下我国医德建设问题研究. 山西师范大学, 2017.06.06.

等，医德医风建设是医院精神文明建设中不可或缺的重要部分，这对于医院加强行风建设也具有重要意义，但有些医院只重视门急诊量和医院效益，却忽视了医务工作者从业过程中的医德医风，未能高度重视行风建设，没有始终向医务工作者灌输职业道德和职业责任，导致部分医务工作者片面追求经济效益，忽略了自身内涵建设和责任担当。同时，部分医院存在着人才激励和奖励机制不完善，医务工作者自身工作难度大、风险责任大、待遇低，医院分配机制不完善，导致了部分医务工作者积极性丧失，只重利益，忽视道德的现象。

从医务工作者自身角度来看，个人坚定的理想信念和严格的自我追求、约束促进良好的医德医风形成中具有极其重要的作用。但由于当前医务工作者受社会多方面复杂观念和思想影响，世界观、人生观、价值观日趋多元化，部分医务工作者的理想信念有所动摇，医学伦理观念淡薄，缺乏坚定的职业信仰和职业道德感。部分医务工作者在自身作风要求不严，职业素质降低，缺乏高水平的人文素养，过于重视经济利益，一切向"钱"看，淡忘了全心全意为人民服务的宗旨和救死扶伤、治病救人的职业理念，缺乏服务意识，在工作作风上要求不够严格，没有真正深入群众。

## 三、原因剖析

### （一）社会不良风气滋生

社会道德缺失已成为我国当前社会存在的重要问题之一，拥有良好的社会道德代表着公民的人格健全，但是目前社会中存在的一些道德方面的事件，应引起社会的反思，传统文化中的道德理念没有根植于公民的心中，中华民族优秀的道德文化并没有完全被继承与弘扬，社会道德规范有所欠缺，在制度体系上对公民发挥的约束作用也存在着局限。

在我国社会主义市场经济不断发展的条件下，出现了拜金主义、享乐主义盛行，普遍存在物质意识增强的现象，社会道德风气出现了显著问题，影响着人们的世界观、人生观、价值观，而社会道德风气对医德医风也具有潜移默化的影响。人们在各自行业的社会责任意识弱化，有的在追逐利益的过程中忘记了初心，违背了道德原则，败坏了整体的社会道德风气，社会道德感的约束力作用难以充分发挥。医疗卫生行业中部分医院出现的片面追求经济效益的现象，不仅损害了医疗卫生行业的整体社会形象，更损害了患者的利益。医疗卫生事业是民心工程，关乎着千千万万的家庭，也关乎着每一位公民的切身利益，影响着人民群众的幸福感与获得感。同时，随着法制社会体系的日趋健全，人民群众的维权意识显著增强，同样对健康意识也愈加深刻，患者对医院的要求也越来越高，更加注重就医体验和医疗机构的医疗水平和服务质量，因此医患关系也面临着新的挑战和矛盾。

在新形势下，针对社会不良风气不断滋生的社会现状，根据医德医风建设工作在我国社会主义精神文明建设中所具有的重要作用，我们必须要将医德医风建设与我国公民的道德建设相结合，注重发挥德育的重要作用，倡导广大医务工作者继承和发扬中西方传统优秀医德，不断完善新时代医德医风内容和原则，推动社会主义医德医风建设朝着现代化、科学化方向发展。

### （二）制度体系不健全

制度是促进良好医德医风形成的基础保障，对加强医德医风建设发挥着重要规范作用和保障作用。2016年12月，在就加强党内法规制度建设作出的重要指示中，习近平总书记曾指出"加强党内法规制度建设是全面从严治党的长远之策、根本之策"[1]。制度体系是否健全，关系到医德医风建设工作是否能取得实效。而当前，医疗机构在规范医德医风工作上所制定的制度、条例等仍有待加强，有关我国医疗卫生行业制定的一系列医德规范和条例等，部分内容相对宏观，缺少具体的实施细节，无法使从业者真正贯彻到日常的医疗实践活动中去，医疗单位的相关制度，有的甚至"做做样子"，仅仅制定应付了事，没有真正把医德医风建设作为医院全面建设中的重要部分去抓，行风建设制度不健全，规定没有真正发挥约束和警示作用，未形成崇尚良好医德医风的环境和氛围。监督机制不健全，部分制度毫无实质性作用，对于患者投诉、举报等问题没有严格开展调查，针对违背医德等行为查处不严，没有实效进展。

其次，医德医风问题直接影响的群体便是患者，由此带来的医患关系问题面临着新的挑战，而在多数医疗机构中有关于加强医德医风建设的相关制度体系尚未涉及患者权益和矛盾处理等问题，没有真正将问题摆在"台面"上，甚至有

---

① 习近平就加强党内法规制度建设作出重要 指示强调坚持依法治国与制度治党、依规治党统筹推进、一体建设[N]. 人民日报，2016-12-25（001）.

的医疗机构对医德医风问题熟视无睹，只注重临床经济指标和经济效益，没有把全心全意为人民服务的宗旨意识放在最高点，导致制度体系不健全，没有在法律层面上真正为加强医德医风建设提供制度保障，影响了道德基础性作用的充分发挥。

### （三）医务工作者职业道德感缺失

为人民服务是社会主义的医德核心，医疗事业属社会福利事业，医德是一种职业道德，它是同医疗卫生人员生活紧密联系着的，它要求医务人员把社会效益、患者利益放在首位[①]。救死扶伤、治病救人，一直是多年来我国医务工作者坚持的医者信念，当前却存在着部分医务工作者价值观偏失的现象，将个人利益放在首位，个人利益高于集体利益，个别医疗机构将集体利益放在首位，注重经济效益，存在对病人滥开检查、滥收费、开进口药、高价药等行为，忽视了社会公益性，使得集体利益高于社会利益。

医患之间信任感降低，矛盾层出不穷，医务工作者追名逐利等现象的出现，主观原因是医务工作者对自身要求的松懈，以及个人理想信念的淡化，主要体现为个别医务工作者工作作风不严谨、不规范，单纯地追求利益，强调付出必须和回报成正比，重视物质报酬，只顾"小家"不为"大家"，注重一己私利，医德价值观弱化，为人民服务的宗旨意识淡薄，救死扶伤、无私奉献的精神缺失。医务工作者缺乏敬业精神，缺乏责任心，未能恪尽职守，没有把病人放在首要位置。与病人沟通减少，容易产生与病人、病人家属沟通不畅，导致病人的期望值与现实存在落差，极易引起医患冲突。医务工作者队伍呈现了总体素质下降的态势，没有将优秀医德医风真正落实到医疗实践活动中，并转化为自觉、自发的行动，导致医疗机构廉洁行医的难度加大。其次，部分医务工作者不重视继续学习和提高技术水平，缺乏对技术精益求精的精神，进而产生了工作懈怠和不进取的现象。

### （四）医德医风教育不完善

教育兴则国兴，教育强则国强。教育对于民族振兴、社会进步具有重要的基础性作用，在一定程度上决定了一个民族、一个国家是否能取得发展，能够实现怎样的发展。教育对提高人民的综合素质，实现人的全面发展具有重要意义，

---

① 王长珍. 新时期医德医风建设存在的问题及对策思考. 现代经济信息.

也为实现国家民族振兴，促进社会进步提供了重要的途径。将教育摆在优先发展的战略地位，坚持立德树人，是所有高校教育发展的重要方向，对我国社会发展、人类社会发展具有重要的意义。

医学学科不同于其他学科，具有一定的特殊性。随着我国政治、经济、文化等方面的发展变化，对德育工作的重视程度越来越高，对德育工作的要求也越来越高，医学院校在不仅要满足人民群众的医疗需求的同时，也肩负着承担本科生、研究生的教学任务，具有服务、教学、保健等为一体的特点，因此对医学院校的医德医风要求也相对较高。目前，部分医学院校的德育工作还存在着一定的问题和差距，主要体现为思想认识不足，对医德医风教育上没有给予高度重视；工作开展形式有所欠缺，没有实质性内容；队伍建设不完善，缺乏强有力的师资队伍。医德医风教育不完善，未能从根本上为医学生树立良好的医德医风发挥教育作用，将良好的医德医风教育融入日常临床实践工作中。

## 第四节　新时代医德医风的出路

### 一、理论研究

加强医德医风建设的重要抓手是通过科学理论来引领医德医风建设。当前，我国的医德理论体系还有所欠缺，并不能从根本上加强医德医风建设，未能充分发挥医德医风对广大医务工作者起到的规范和约束作用，因此，必须要对医德理论体系加以研究，对其医德医风内容进行深化，号召学术界相关人士进行创新性研究，不断赋予其新的时代内涵和新的内容形式，在理论研究基础上，制定符合实际、成效显著的医德医风内容规范，结合医疗卫生行业的特点，加强其特殊性和实践性研究，并重点解决医德医风建设工作中的显著问题，满足现实需要，切实解决当前存在的医德医风滑坡问题，为医德医风建设提供坚实的理论基础。

现代医德内容与传统医德一脉相承。新时代医德医风建设，要传承与弘扬传统医德医风教育，继承古代医者的严谨态度和敬业精神，恪守医德、救死扶伤，全心全意为人民服务，继承和弘扬白求恩精神，并不断赋予其新的时代内涵，在扬弃中实现我国新时代医德医风建设的跨越式发展。加强理论研究，得出科学的理论研究成果，通过思想提升进而改善医疗服务水平和质量，促进医德医风建设取得良好实效。

从社会道德角度出发，加强对社会道德理论的有关研究。恩格斯提出"一切以往的道德论归根到底都是当时的社会经济状况的产物"①。社会道德对一个国家文明和谐具有重要的基础作用，对社会国民素质高低有着重要的影响。加强社会道德理论研究，有利于加强全社会医务人员的思想道德建设，这不仅是当前医德医风建设的需要，更是中华民族追求美好崇高的道德境界的需要。要激发医务人员形成积极的道德风尚，培育正确的职业责任感和职业道德感，工作中自觉遵守和践行道德责任，引导医务人员崇尚积极向上的良好风气，从而推动我国的医德医风建设取得重大的进步和发展。

从学科角度出发，加强学科理论研究。医德医风建设包含在医学伦理学之中，是医学伦理学研究的重要方向之一。医学伦理学教育的目的是培养医务人员的高尚医德。医务人员的医德不是自发形成的，而是在一定社会环境和物质生活条件下，通过外部教育灌输和个人在医疗实践中的主观修养而形成的，它是一个长期的艰巨过程②。医学伦理学对广大医务工作者医疗实践具有重要的指导作用和约束作用，对培育高尚医德医风人才队伍具有重要的塑造作用。因此，要加强该学科理论研究，要积极传播医学伦理学相关知识，促使广大医务工作者高度重视医学伦理学的重要作用，并研究如何通过医学伦理学来规范医务工作者，如何能有效实现我国医德医风显著进展，是当前医学伦理学应着重研究的重点内容。

从医院角度出发，加强医院文化理论研究。心为民所想，利为民所谋，医院要始终把人民群众的利益作为事业发展的出发点，努力实现内涵式发展。抓好医德医风建设，必须从听党指挥、绝对忠诚的政治高度来认识其重大意义，从保持白衣天使纯洁本质来要求，以更高的标准把救死扶伤、吃苦奉献的精神落实到医疗服务的全过程③。医院要在新时代党的领导下，以习近平中国特色社会主义思想为指导，坚持全心全意为人民服务的宗旨，突出以人为本理念，坚持社会公

---

① 　马克思, 恩格斯. 马克思恩格斯选集: 第 3 卷［M］. 北京: 人民出版社, 1972: 134.

② 　柏理力. 构建和谐医患关系 加强医德医风建设. 卫生职业教育. 2007.02.25（4）: 119.

③ 　高社, 肖明. 创建研究型医院的若干思考［J］. 解放军医院管理杂志 2012, 19（5）: 409—411.

益性，致力于为人民群众提供优质医疗服务。开展医院文化理论研究，形成属于自己的医德文化，对医务工作者实行价值观引导，改变医务工作者对医德医风教育的认识，用文化影响人，使加强医德医风建设的相应措施行之有效。

医疗卫生健康工作是以人民健康为中心的民心工程，因此我国目前的医德医风建设是医疗卫生健康工作开展的重要基础工程之一，必须立足全局、整体、长远的角度，带动多部门、社会各界共同加大医德医风建设理论研究，形成合力，全社会共同关注参与，将我国的医德医风建设真正落到实处，发挥实效。

## 二、制度规范

俗话说"没有规矩，不成方圆。"建立相应的规章制度体系对于规范医疗服务行为，加强医德医风建设发挥着重要的作用。早在2015年，我国就印发了《关于进一步加强卫生计生系统行风建设的实施意见》（国卫纠发〔2015〕1号），提出"以'四个全面'治国理政总纲为指导，管行业必须管行风。"加强行风建设是规范卫生计生系统医疗服务行为的基础工程，加强医德医风建设更是其中的一项基础工作，是一项长期任务，必须要持之以恒，常抓不懈。

建章立制，要做到与时俱进，不断更新并适应我国医疗卫生行业的行情，发挥实效，要努力建设与我国社会主义市场经济发展和新一轮医改阶段相适应的医德医风体系。2018年发布的《关于印发2018年纠正医药购销和医疗服务中不正之风专项治理工作要点的通知》[①]，通知印发的背景是深入贯彻落实党的十九大精神和习近平总书记在十九届中央纪委二次全会上的重要讲话，以习近平新时代中国特色社会主义思想为指导，按照十九届中央纪委二次全会和国务院第一次廉政工作会议的有关要求，全面贯彻《关于加强公立医院党的建设工作的意见》，着眼于卫生健康事业发展的新起点，通知明确指出，加强医疗服务监管，规范医务人员行为。由此可见，通过建立长期机制，以国家的重大改革措施为工作出发点和方向，维护人民群众权益为工作落脚点和目标，对医德医风建设工作起着重要的推动作用。

---

① 《关于印发2018年纠正医药购销和医疗服务中不正之风专项治理工作要点的通知》（国卫医函〔2018〕186号）

其次，要全面实行医疗机构关于医疗服务水平和服务质量的监督机制。完善的监督机制，有利于提高医德医风实效。为有效规范医疗行为，首先要加强对医疗行为的监管，建立健全完善的监督机制，严格落实中央八项规定和国家卫健委"九不准"，建立重点岗位廉洁风险防控机制，开展廉政谈话等，通过有效健全的监督机制，要使全体医务工作者正确认识医德医风的重要性，主动开展自查自纠，从自我监督做起，提高广大医务工作者对医德医风建设紧迫性和必要性的认识，规范行医秩序和倡导廉洁行医，将提高医疗服务水平和医疗服务质量作为临床实践工作中的自发行为和自觉行动。集中发现处理医疗卫生系统违反医德医风等医疗行为，充分发挥医疗卫生机构纪检监察机关等部门的监督作用，做好监督检查和组织协调的有关职能。建立健全医务工作者的"医德医风档案"，设立意见箱和举报信箱、投诉电话等，保证投诉渠道畅通，调动各部门、社会各界群众来共同监督医务工作者的医德医风，加强新闻舆论监督，既要保证医疗机构内部完善的监督制约，也要开展广泛的社会监督，努力形成齐抓共管的工作格局和工作合力，形成层层抓落实的医德医风建设格局，保证不留死角，促使将高尚的医德医风真正落实到日常工作中去，落实到医疗机构的经常性工作中去，保证医德医风建设制度体系的规范约束作用，保证多方监督工作的长期稳定开展，加大力度专注医德医风建设工作，努力提升广大医务工作者的职业道德。

同时，针对当前日益紧张的医患关系，要规范医患关系，完善医疗纠纷处理机制，成立相关负责部门，如投诉管理办公室等，重视医德医风问题投诉，真正将具体工作落实到人，认真耐心办理患者投诉，对具体工作人员进行纠纷应对处理培训，完善医疗纠纷处理流程，做到制度化、规范化，推进医患沟通实效化，增进医患互相理解，发挥两头带动作用，增强患者对医生的信任感和理解度，约束医务工作者的医疗行为，增强职业道德感，树立良好医德医风。

医德医风教育在完善医德医风建设和加强制度规范上发挥着重要的基础性作用。医务工作者的医德医风教育是医院医德教育的重要组成部分，要给予高度重视。医德医风教育的制度化也是加强医德医风建设的重要保障。医院要将医德教育摆在教育的重要位置，通过多样化教育，教育内容制度化，引导医务工作者树立正确的价值取向、思想观念与行为规范，不断提高全心全意为人民服务的宗旨意识，使全体医务工作者自觉弘扬为促进我国医疗卫生事业无私奉献的精神，牢固树立救死扶伤、甘于奉献、廉洁行医、对技术精益求精的精神，促进优良作风的形成。

医院同时要坚持以患者为中心，将患者满意度作为衡量医院医德医风建设工作是否提升的标准，将医德医风建设工作是否取得进展作为医院整体建设发展的标准，建立完善医德考评制度，将医德医风考评工作贯穿于医务工作者整个职业生涯，制定相关的考评办法和实施细则，将对医务工作者的医德医风考评和职业道德行为规范指标进行量化，促使医务工作者自觉重视并加强自身的医德医风教育，将考评结果与其他考核纳入一起作为考核医务工作者是否合格的标准之一，作为日后晋升等的参考，规范医德医风建设内容，从根本制度上，将医德医风建设常态化，注重医德医风效果持续化。

近年来，我国信息化事业取得了显著发展，在互联网、融媒体等多方面实现了跨越式发展。加强医德医风建设，在制度体系保障的基础上，通过信息化道路，利用互联网和信息系统、信息平台，可以为医德医风建设提供信息保障。李克强总理在2015年召开的十二届全国人大三次会议上所做的政府工作报告首次提出了"互联网+"行动计划，指出"制定'互联网+'行动计划，推动移动互联网、云计算、大数据、物联网等与现代制造业结合，促进电子商务、工业互联网和互联网金融健康发展，引导互联网企业拓展国际市场"[①]。

李克强总理曾指出："'互联网+'未知远大于已知，未来空间无限。每一点探索积水成渊，势必深刻影响重塑传统产业行业格局。[②]""互联网+"的快速发展，带来了"互联网+医疗"的新模式，在为患者带来便捷服务、改善患者就医体验的同时，也可通过"互联网+"的形式来推动医德医风建设，在建立健全医务工作者的"医德医风档案"工作的基础上，可通过互联网对其进行更加全面的监督，通过"互联网+医疗"等为患者提供便捷的服务，也可通过开展住院患者、出院患者满意度测评，如问卷调查、APP互动、第三方实施医疗服务满意度评价工作等形式，进行患者满意度数据收集，为患者提供反馈渠道，其测评结果作为日后绩效考核、职称晋升等的参考指标。该工作的组织开展，既可以在一定程度上满足患者的权益需要，也可以为系统地监督广大医务工作者的医德医风具体实施情况，有效实现监督的约束作用，让患者满意，促进医务工作者自觉遵

---

① 李克强. 政府工作报告——2015年3月5日在第十二届全国人民代表大会第三次会议上[N]. 人民日报，2015-3-17(01).

② 摘自李克强总理2015年4月23日在泉州品尚电子商务公司考察时的讲话.

守医德规范，有利于构建医患和谐关系，也有利于良好医德医风形成，在医院内部形成良好医德医风的大环境、大氛围，由此激励广大医务工作者加强医德医风建设的自觉性，主动提高自身道德素养，提高职业道德和服务水平，建立科学有效的医德医风信息管理系统成为必要。通过科学技术手段，充分发挥互联网的联动优势，创建科学、规范、可行性强的工作方法，提高加强医德医风建设的科学性和系统性，提高管理效率，通过患者信息反馈、自查自纠信息等，增强医德医风建设的互动性，通过信息化手段，切实提高医疗服务质量，形成人人崇尚良好的医德新风尚。

在对医德医风建设实行考核监督机制的同时，也应采取一定的激励措施，将医德医风表现纳入考核当中，奖惩结合，可以分为精神激励和物质激励，对具备高尚医德的医务工作者给予表彰，在物质上可以给予提高待遇或发放奖励，在职称评定等方面可以给予优先考虑，形成良好的崇尚高尚医德的氛围。对于失德行为也要进行严格约束和处理，将医务工作者的医德表现情况进行档案记录，与医务工作者的奖惩、职务晋升、工资待遇等挂钩，在条文上明确约束失德行为，明确正确价值观、道德观，将违反医德行为的医务工作者，应进行严肃处理，从而将正确医德行为、正确道德观灌输到医务工作者的意识和行为当中，促使医务工作者朝着良好医德医风方向发展，进而提升医德医风建设水平和质量。

### 三、宣传教育

注重政治建设是党的优良传统，在新时代必须继承和发扬[①]。抓好新时代医德医风建设，是医疗卫生机构加强思想政治工作的重要任务，是加强行风建设的重要体现，也是医疗卫生机构加强党风廉政建设的基础工作。加强医务工作者的思想道德教育以促进良好医德医风形成是强化行风建设和实现优质医疗服务常态化的重要出发点和落脚点。医疗卫生机构为加强医德医风建设，在宣传教育上可以通过思想道德教育、医德医风教育，树立先进典型，发挥榜样作用等，将医德医风建设工作融入医务工作者的日常生活与工作中。

医疗卫生机构要加强医务工作者的思想道德教育，使医德医风建设适应全

---

① 毛泽东. 毛泽东选集[M]. 第3卷, 北京: 人民出版社, 1991: 1059.

面从严治党，在不断健全各项制度体系的基础上，开展党风廉政教育，开展岗前培训、医德医风教育、理论学习等多方面、多形式的教育，号召各级医务工作者廉洁行医，确保医德医风工作有章可循。通过开展思想教育，坚持学习宣传教育和思想理论武装相结合，全体医务人员要以党员标准严格要求自身，通过组织学习、专题报告等形式开展理论学习，加强"三严三实"专题教育，推进"两学一做"教育常态化、制度化，贯彻学习习近平新时代中国特色社会主义思想，将学习教育融入医务工作者的日常工作中，充分发挥思想教育和理论学习的带动作用，不断强化医德医风建设。

德育是学校教育中重要的组成部分，在推进总体工作中发挥着重要作用。早在1997年，国家卫生部印发了《关于进一步加强和改进医学院校德育工作的意见》[①]的通知中就强调，医德医风教育的主要目的在于培养学生救死扶伤的人道主义精神、强烈的职业责任感、崇高的敬业精神和无私的奉献精神。各校要认真总结对医科学生进行职业道德教育的经验，从医学院校、医科学生和卫生行业特点着手，对医科学生职业道德的形式模式进行研究，特别要注意加强医科学生在临床阶段的职业道德教育，用历史上的名医事例和现实生活中的先进典型教育他们，增加新形势下纠正行业不正之风教育的内容和为人民群众着想、为病人办实事的内容，注重提高职业道德教育的效果，使医学生在掌握医学知识和技能的同时就注重医德医风的养成。

当今时代，面对复杂环境的挑战，社会价值观念的变化，开放多元环境下，各种思想交汇冲突，在这种形势下，加强医学生的道德教育，必须要加强思想政治教育、品德教育，加强社会主义核心价值观教育，引导医学生树立正确的世界观、人生观、价值观，肩负起中华民族伟大复兴的重任。

注重对临床医学生的医德医风的培养，使学生更深层次地认识到身为医生的职责，促进医院可持续发展之本，也是职业道德建设的客观要求[②]。对于加强医德医风建设，要坚持以医德医风教育为本，突出抓好教育，医学院校和大学附属医院应树立长远的战略性眼光，认识医德医风教育的重要性，密切联系院校实际，充分认识到党的十九大召开以来，我国进入中国特色社会主义新时代的背景

---

① 卫生部关于印发《关于进一步加强和改进医学院校德育工作的意见》的通知. 1997. 02. 18.

② 王丽平. 加强医德医风建设，促进医院可持续发展[J]. 医院管理, 2010, 48（7）: 84.

下，加强和改进医德医风建设的紧迫性和责任所在，在学习和提高医德医风认识的基础上，明确接下来开展医德医风工作的具体思路，使医德医风建设工作取得显著成效，适应我国新时代的国情和发展要求。

医学院校要将加强医德医风建设工作真正落到实处，充分结合医学院校、大学附属医院以及医学生群体，结合医疗卫生行业的特殊性，提供医德医风教育多种途径和方式，全方位、多层级提升医学生的思想道德素质和专业技术能力，医学院校要将医德医风教育融入日常的教育工作当中，将医德医风教育摆在重要的突出位置，开展宣传教育，开创学习新形式、新方法，定期开展医德培训活动，将医德医风教育与临床实践相结合，进行医务人员经验分享活动，让教育更深入人心。

转变工作方式，在落实上下足功夫，开展多样化培训，尤其是入职培训，可以采用学习先进人物事迹，或邀请优秀医德楷模进行经验分享，扣好医务工作者人生的"第一颗纽扣"，使得广大医务工作者在临床实践中遵守医德行为。同时，加强医务工作者的职业道德、职业责任等有关职业培训，使得广大医务工作者了解自身职业所要求的医德规范和要求，理解践行优秀医德行为的重要性和意义，通过引导学习和个人学习相结合的方式，深化医德医风教育。根据医德医风教育工作的长期性特点，要不断加强师资队伍建设，实时调整、更新教育内容，充分调动医学生的学习积极性，并自觉将医德医风教育贯穿于自身的职业生涯当中，付诸自身的临床工作当中，通过优良的工作作风和优良的医疗服务来提升医德医风建设水平，着重改善患者就医体验，提高患者满意度。开展警示教育，防患于未然，从根本上抵制违背医德现象发生，组织医务工作者集中观看相关警示片和廉政教育片，邀请有关人员开展专题讲座，防止医务工作者职务犯罪，增强医务工作者的廉洁行医意识，筑牢思想道德防线。

列宁说过："机关是能一下子打碎的，但不管打得怎样好，习惯是不能一下打破的"。广大医务工作者要在医德医风建设过程中，遵守医德规范，形成良好的习惯，真正将职业道德融汇内心，发挥习惯的力量，在临床实践中培养优秀医德行为。良好医德行为的养成，不仅要依靠医疗机构关于医德医风制度、法规等的约束，更离不开医务工作者的自觉行动。医务工作者只有将医德行为规范转化到日常的临床实践和工作习惯中，加强职业道德修养，才能更好地为患者提供优质高效的健康服务。同时，新时代下的医德医风建设不仅要积极开展医德医风教育，更要将医德医风教育推进常态化，定期开展医德医风教育活动，通过医务工作者自查自纠与同事互相交流改进，不断完善医德医风教育制度规定，促使医德医风教育形成制度化、规范化体系，进一步提高医德医风工作的总体水平。广大医务工作者在接受医德医风教育的基础上，也要自觉提高自身的医德修养，加强自身的医德内容学习和职业道德内容学习，拓宽学习领域和学习内容，增强人文学科的知识学习，加强人文主义关怀，通过优秀的思想文化来改造主观世界，深化医德理论，有效提升自身的医德修养，形成正确的价值是非观。

习近平总书记说过，"一个有希望的民族不能没有英雄，一个有前途的国家不能没有先锋。"由此可见，榜样模范的力量是无穷的。我国2018年首个"中国医师节"，并将每年8月19日设立为"中国医师节"，这是着眼于我国医学长远发展，以鼓励和奖励在医疗卫生事业发展中做出突出贡献的医师和一代医务工作者典范，这体现了党中央对我国卫生健康工作给予的高度重视，以及对广大医务工作者兢兢业业奋战在第一线的充分肯定。在一定程度上，对于我国医疗卫生事业发展具有重要的开创性作用，对医务工作者的学术创新、科研工作、弘扬医德医风等都发挥着重要的推动作用。

17世纪英国教育家洛克曾说过，"没有什么事情像榜样能温和而又深刻地打进人们的心里。"树立高尚医德医风，践行榜样，充分发挥道德榜样作用，发挥先进典型的模范作用和引导带动作用，营造良好的医德医风文化氛围，内化于心，外化于行，用文化感染人，用精神引领人。在医德医风建设领域，有很多使得广大医务工作者自觉去学习的榜样，比如被誉为"中国肝胆外科之父"的吴孟超，96岁的高龄仍坚持在临床一线，用一生践行着孙思邈的《大医精诚》中的"医道是'至精至微之事'，习医之人必须'博极医源，精勤不倦'。"还有时代楷模黄大年，他心有大我、至诚报国的精神鼓舞着每一个人，他们是我们这个社会的榜样，是每一个公民的榜样，是医学界的榜样。榜样的力量和作用是潜移默化的，广大医务工作者向医德楷模学习，更加有利于医务工作者坚定信仰，在个人认知和情感层面上产生共鸣，内化于心，指导自身的医疗行为，树立高尚的道德，实践优秀医德行为。

以老一辈的优秀医务工作者为榜样，加大正面引导力度，树立正确的价值导向，通过报告会、交流会、先进典型学习会等形式加强对先进模范典型的宣传，使广大医务工作者坚定信仰、牢记使命，实行人道主义精神，崇尚廉洁行医的优良作风，学习大爱无疆、无私奉献的医德品质，发扬精益求精、卓越医术的进取精神，发扬爱岗敬业、济世救人的敬业精神，始终不渝地把实现好、发展好、维护好人民群众的利益作为工作的出发点和归宿点，凭借精湛的医术和高尚的医德医风，全心全意为人民服务，为新时代医疗卫生事业做出贡献。

在宣传方面，要充分发挥舆论的积极引导作用，通过新闻媒体、自媒体等多种形式加大对医德医风建设的宣传和引导，营造良好医德医风建设的氛围，树立医德医风的正面典型和先进典型的宣传，引导广大医务工作者树立正确的社会价值观念。通过媒体的议程设置，借助新闻、报纸、自媒体、直播等多种渠道进行正面的报道宣传，向社会传递良好医德医风的正能量，推动医德医风建设发展。

## 四、文化滋养

医院文化是医院在成长、发展过程中形成的一种具有较为鲜明特色的文化观念和历史传统，是医院在实践中形成的全体员工共同的价值观念、道德规范和行为准则。医德医风建设是医院文化建设的重要组成部分，二者相互渗透、相互作用、相互影响、相互促进[①]。先进的医院文化，是医院增强核心竞争力的重要着力点，是医院全面建设工作中的重点，也是医院在新时代新形势下与时俱进的重要体现。先进的文化对于社会来说，可以促进社会良好风气形成，对推动整个社会进步发展具有重要的作用。先进的文化对于医院来说，可以促使医院形成具有医疗卫生行业特点的文化，从而进一步增强广大医务工作者的凝聚力、向心力，使医务工作者自觉抵制社会上的不良风气，增强作为医者的使命感和责任感，树立践行良好医德医风行为的医务工作者新形象，为医院道德建设和行风建设提供了良好的文化氛围，进一步提升医院的文化软实力与核心竞争力。

医院文化是指包括物质文化、行为文化、制度文化、精神文化等在内的具有医院特色的以人为核心的价值观念、道德规范、行为标准等的综合体。作为医院软实力的重要组成部分，医院文化是医院全体人员在共同实践中逐渐形成的，

---

① 郭文海, 叶升鑑, 黄舒雅. 加强医德医风建设提升医院文化软实力[J]. 中国当代医药, 2011. 18 (23): 5.

具有鲜明的特色，是医院实现良性健康发展的重要保障[①]。从医院层面上，医院要将医德医风建设纳入医院全面建设发展的总体目标，要加强顶层设计和医院内涵建设，站在战略性、长远性的角度，主抓医院文化建设，设立院徽、院标等具有医院文化标识、体现医院文化精神的载体，将医院倡导的宗旨理念、发展方向、发展目标与医院精神，融入广大医务工作者的日常实践工作当中，形成医院独特的医德文化，明确自身的发展战略和发展方向，始终坚持公益属性，树立医院品牌意识，增强医院的核心竞争力，但也要将文化建设工作落到实处，既要充分发挥中华民族传统优秀医德的精神传承，也要结合医院自身实际、发展定位、发展目标，明确医务工作者的医德规范和道德标准等，要实打实地开展医院文化建设，切忌只是"隔靴搔痒"，缺乏实质性进展。

加强医院文化建设的同时，也要加强舆论引导，树立正确的文化舆论导向。在当前社会各种思想融合的复杂环境中，医德医风作为一种社会意识，在社会环境这个大背景下，发展方向极易产生变化，加强医德医风建设，必须要在健康向上的社会文化舆论导向上有利开展。因此，在加强医院文化建设的同时，要积极倡导广大医务工作者追求高尚的职业道德，践行社会主义核心价值观，唱响主旋律，对拜金主义、享乐主义、以经济效益为先等价值观念进行严肃批判，通过先进人物事迹、榜样树立等方式，促使医务工作者形成正确的是非观念，正确的世界观、人生观、价值观，自觉抵制消极腐败、违背职业道德现象的发生。只有形成了正确的文化舆论导向，才能为医德医风建设提供良好的医院发展环境。

加强医院医德医风建设是一项持续性工程，需要长期的积累过程，需要医院坚持不懈地开展相关工作，从各个方面做好统筹规划。需要全体职工的共同参与和努力，促使全院职工发挥参与文化建设的积极性和主动性。先进的医院文化有利于增强医务工作者对医院的归属感和幸福感，有利于增强医务工作者对自身的医德医风要求，进而为患者提供更加优质高效的医疗服务。文化的作用是润物细无声的，医院文化建设引领医院医德医风建设的进一步提升，虽然效果不是突飞猛进，却是一点一滴融入实践工作中，在根本上改变人的道德观念，指导工作实践。

加强医院文化建设，充分发挥文化的引导作用。要全面提高广大医务工作

---

① 刘会勋. 医院文化与医德医风建设研究[J]. 决策咨询, 2012（5）: 86.

者对医院文化建设重要性的认识，能够理解加强医德医风建设与加强医院文化建设之间的关系，增强广大医务工作者对医院文化建设工作开展的参与性，打下坚实的群众基础。增强职工文化自信，构筑精神家园。明确何为正确的价值观，使医务工作者以社会主义核心价值观为标准，积极承担作为医者的使命和担当，救死扶伤，无私奉献，用文化引导人，用文化感染人，增强广大医务工作者加强医德医风建设的责任感和义务感，建设优秀的医德医风。同时，要转变广大医务工作者的服务理念，加强人性化服务观念，强调"以患者为中心"，努力打造优质医疗服务团队，为患者提供良好的就医环境，改善就医感受和服务体验，建立和谐的医患关系。

加强医院文化建设，充分发挥文化的教育作用。通过医院文化的感染作用和教育作用，培养医学生的道德素养，注重医学生的品德要高于技术，道德为先，使医学生具有较高的政治素质，知识储备丰富，深入临床实践，在培养坚实的专业知识和技能的基础上，要努力提高医学生文化素质和能力，具备严谨踏实的工作作风，培养具有强烈使命感与职业道德感，勇于责任担当的医学人才，营造浓厚的文化氛围，为学生成长成才提供必备条件和良好育人环境。

加强医院文化建设，充分发挥文化的鼓舞作用。通过文化浸润人的心灵，使高尚的医德医风深入人心，强调"患者有其医，医者有其德"，使广大医务工作者要正确认识到自己的工作职责和使命，"救死扶伤"是医务工作者的使命担当，要将践行良好医德医风作为自身的自觉行动，自觉遵守医德规范和基本原则，通过医院先进文化的引领，使全体职工增强责任感和荣誉感，强化行为规范，激发职工的向上动力，在职业追求上，矢志不渝，坚定职业信念，以社会效益为先，实行革命的人道主义精神，具有强烈使命感和责任，艰苦奋斗，无私奉献。

## 五、精神引领

当前，在我国社会主义市场经济发展，新一轮医改以来取得重大的阶段性进展，卫生健康事业呈现稳步发展的新形势、新背景下，传统的医德精神和白求恩精神受到了冲击，医患关系问题等依然存在，部分医务工作者违背职业道德的情况时有发生，在这种现状下，充分发挥白求恩精神引领我国医德医风建设向前发展成了必要。医德医风建设是社会主义精神文明建设的重要组成部分，弘扬和践行社会主义核心价值观，强化医德医风建设和医疗卫生行业自律，继承和发扬白求恩精神，号召广大医务工作者做新时代的白求恩式医务工作者，推动我国医德医风建设实现健康发展。毛泽东曾为延安中国医大题词"救死扶伤，实行革命的人道主义"，要求医务人员"要给老百姓看病""全心全意为伤病员服务"，并高度赞扬国际共产主义战士白求恩的国际共产主义精神，并号召学习他"对技术精益求精""毫不利己，专门利人"的高尚医德①。医务工作者要具备高尚医德，要首先在思想上把医德放在首要位置，大力弘扬大医精诚、医者仁心等传统优秀医德，继承发扬白求恩精神，恪尽职守、爱岗敬业、无私奉献，始终坚持"以病人为中心"的服务理念，不断改善服务方式和服务态度，提升服务技术和水平，与病人构建和谐的医患关系。对待技术要精益求精，严肃工作作风，增强业务能力，树立起医务工作者的良好形象，为人民群众提供优质便捷的医疗卫生服务。

在我国医疗卫生健康事业稳步向前的发展阶段，在贯彻实施"健康中国"战略的重要进程中，白求恩精神对我国当今医疗卫生健康事业仍具有重要的精神引领作用，鼓舞和激励着广大医务工作者在医疗卫生行业的无私奉献。白求恩精神不仅是医院文化的重要支撑，更是医学精神文明建设发展的精神引领。1939年毛泽东在《纪念白求恩》中提出"每个共产党员都要学习他。学习他毫无自私自利之心的精神。从这点出发，就可以变为大有利于人民的人。"白求恩和白求恩精神，影响了一代又一代共产党人，为我们树立了道德榜样。"一个外国人，毫无利己的动机，把中国人民的解放事业当作他自己的事业，这是什么精神？这是国际主义的精神，这是共产主义的精神。"坚定的共产主义信仰，让他不远万里来到中国，为中国的解放事业做出了重要贡献。他身上毫不利己专门利人的无私奉献精神，为当今社会提供了重要的教育意义，能够为广大医务工作者提供示范作用。"对工作的极端的负责任，对同志对人民的极端的热忱""他以医疗为职业，对技术精益求精"，他的敬业精神和无私奉献的精神，感染着广大医务工作者，在当前医患矛盾日益加剧的今天，白求恩精神所蕴含的重要意义，对引导广大医务工作者遵守医德规范，拥有高尚医德发挥着重要作用，对社会以及医疗卫生行业等领域，具有重要的示范作用，也为我国健康向上的良好社会道德风尚

① 毛泽东选集（第2卷）[M]. 北京：人民出版社，1986：234.

的营造提供了巨大的精神动力。当今社会需要白求恩精神，激励着每一个人将坚定的信仰转化为真正的行动，为理想信念而奋斗，为我国医疗卫生事业做贡献，积极助推健康中国建设，为实现中华民族伟大复兴的中国梦而奋斗。

白求恩精神是一种国际主义精神，是毫不利己专门利人的精神，是对工作极其负责，对同志对人民极端热忱，对技术精益求精的精神。2018年，是伟大的国际主义战士、著名胸外科医师白求恩同志来到中国工作80周年。虽然历经岁月变化，但白求恩精神依旧是广大医务工作者弘扬并继承的精神原动力，鼓舞我国广大医务工作者始终坚持救死扶伤的原则和全心全意为人民服务的根本宗旨，践行"不畏艰苦、甘于奉献、救死扶伤、大爱无疆"的精神，为我国卫生健康事业发展做出了突出贡献。

毫不利己专门利人、对工作极端的负责任、对同志对人民极端的热忱、对技术精益求精作为白求恩精神的核心，已经成为我国医疗卫生行业的一条准绳，鼓舞广大医务工作者履行救死扶伤、治病救人的医者使命，在推动我国医德医风建设方面发挥着重要作用。

鉴于我国目前医德医风现状和存在的问题，医德医风建设更加需要强大的精神引领和精神支撑，继承和弘扬白求恩精神，对推进广大医务工作者将个人职业信仰与国家、社会利益相结合，坚定救死扶伤、无私奉献精神具有重要意义，为医德医风建设注入新的动力，有利于增强广大医务工作者的责任感和使命感，构建自由平等、文明和谐、诚信友善的医患关系，充分发挥白求恩精神所具有的凝聚力，激励广大医务工作者践行优秀的医德医风，营造风清气正的良好氛围。

通过白求恩精神引领，鼓舞广大医务工作者发扬毫不利己专门利人的无私奉献精神。医务工作者承担着救死扶伤、治病救人的医者使命，健康所系、生命相托，必须要具备医者仁心、廉洁行医的道德风范，传承我国"大医精诚""医者仁术"等传统医德，继承和弘扬白求恩精神，促使广大医务工作者树立坚定的职业理想信念，传承发扬无私奉献和舍己为人的伟大精神。

通过白求恩精神引领，鼓舞广大医务工作者发扬对工作极端的负责任、对同志对人民极端的热忱的工作作风和敬业精神。"医非仁爱不可托，非廉洁不可信也"，要始终将白求恩精神作为医院医德医风建设的重要立足点和落脚点，不断强化医务工作者全心全意为人民服务的宗旨意识，始终把实现与保障人民群众的利益作为工作的出发点和立足点，以白求恩精神为核心，树立医疗卫生行业规范，深化医德医风教育，构建和谐医患关系，不断推进医德医风建设向前发展。

通过白求恩精神引领，鼓舞广大医务工作者发扬对技术精益求精的执着追求。由于我国医疗卫生事业承担着保障人民群众生命健康的重要责任，医务工作者肩负着救死扶伤、治病救人重要职责，职业特点风险大、责任重，因此对医务工作者的职业技术水平要求更高。加强医德医风建设的同时，要号召广大医务工作者学习白求恩对技术精益求精的精神，要刻苦钻研、严谨求实、在技术上严格要求自己，不断突破创新，通过精湛的医术来更有效地为人民服务，为推进我国医疗卫生事业发展做出贡献。

要加大宣传教育力度，大力弘扬白求恩精神，让白求恩为更多人知晓，让更多的医务工作者继承发扬白求恩精神，全心全意为人民服务，要组织医务工作者、医学生学习白求恩同志先进事迹，通过主题活动、演讲、重走白求恩路等形式，让更多的人学习白求恩精神，使白求恩精神深入人心，并指导广大医务工作者实践活动，将弘扬白求恩精神转化为自觉行动，增强医务工作者的责任感和使命感，激励医务工作者争做"白求恩式好医生"，为广大医务工作者学习践行白求恩精神营造良好的学习氛围。

要坚持以病人为中心的服务宗旨，大力弘扬白求恩精神，加强医德医风建设。白求恩曾提出"一切为了前线，一切为了伤病员"，医疗机构应落实"以人为本"的中心理念，一切以病人为中心开展医疗服务，加强人文情感关怀，尽一切努力为人民群众看病就医提供优质高效的医疗服务，从而进一步提高医务工作者的服务意识和服务理念，将白求恩精神融入医疗服务工作的每一个环节。通过加强医德医风建设来推进医疗机构治理发展水平和治理发展能力的提升，通过继承和弘扬白求恩精神来支撑引领广大医务工作者的思想道德和精神文明建设，以社会主义核心价值观为核心，努力使广大医务工作者践行新时代中国特色社会主义思想指导日常实践，认真遵守医德规范，促进良好医德医风体系形成。

白求恩精神作为医院的精神之魂，为实现医德医风建设实效化，必须要坚持继承与弘扬白求恩精神，坚持白求恩毫不利己、专门利人的共产主义精神，坚持白求恩对同志对人民极端热忱的职业道德，坚持白求恩对技术精益求精的科学精神，继承白求恩救死扶伤、无私奉献的敬业精神，只有通过白求恩精神的引领，建立优化医疗卫生队伍，形成医务工作者人人尊崇的道德风范，并发扬"敬佑生命、救死扶伤、甘于奉献、大爱无疆"的新时代医疗行业道德精神，将白求恩精神赋予新的时代内涵，努力形成医疗卫生行业的正能量，与时俱进推进我国医疗卫生事业的发展。

国无德不兴，人无德不立。在我国深入推进"健康中国战略"持续深化医改新阶段的重要时期，我国的卫生健康事业取得了显著进展，人民对健康的向往和需求也日益高涨，医德医风建设的重要性日益凸显。积极面对我国医德医风建设现状，针对医德医风建设面临的困难和挑战，研究医德医风建设的出路和可行性措施，是当前顺应民生、促进卫生健康事业所提出的时代要求。

加强医德医风建设，首先应该树立以人民为中心的发展思想，坚持把人民健康放在优先发展的战略地位，要坚持以大卫生大健康理念为发展方向，增强医务人员职业荣誉感、责任感、道德感，在全社会营造尊医重卫的浓厚氛围，为人民群众提供优质高效的健康服务，不断提高人民群众的幸福感与获得感，为推进健康中国建设稳步前进提供强大的精神力量，为实现中华民族伟大复兴的中国梦而不懈努力奋斗。

# 第五章　白求恩精神引领医德医风建设

## 第一节　精神引领——医德医风建设的内在要求

### 一、医德医风建设的范畴

我国自古以来重视医德。唐代医药学家孙思邈曾说："人命至重，有贵千金，一方济之，德逾于此""见彼苦恼，若己有之"；"如此可为苍生大医，反此则是含灵巨贼。"在《大医精诚》中，他论述了医德的重要性。首先，医生要做到医术精湛，"博极医源，精勤不倦，不得道听途说，而言医道已了，深自误哉"，也就是要做到"精"字；第二，就是医生自身还要具备高尚的品德修养和医德，也就是必须要"诚"，"凡大医治病，必当安神定志，无欲无求，先发大慈恻隐之心，誓愿普救含灵之苦。"由此可见，"精""诚"是一个医生所应当具备的，优秀医德在道德建设中始终占据重要的地位。医德是医务工作者所必须具有的最基本的思想道德素质，它同时也是医务工作者之间、医务工作者与病人之间、医务工作者与社会之间各种关系行为和准则规范的总和。高尚的医疗道德情操与其他一般的社会道德有所不同，它是一般社会道德在医学领域的特殊表现，是一种高级的社会性情感。医风是指医疗行业的风气，反映了医务人员的思想观念、文化知识和职业素养，是道德行为的具体表现。医风是社会普遍关注的行业风气之一，医风的好与坏，反映出医疗行业的道德水平①。《论语·颜渊》

---

① 王丽娟. 浅谈医德医风建设与社会主义市场经济[J]. 基层医学论坛, 2010, 14: 1040—1041.

有言："君子之德风，小人之德草，草上之风，必偃。"良好的医德医风对我国医疗卫生行业树立良好行业形象和行业信誉有着十分重要的作用，对我国广大医务工作者职业道德和医德修养的提高具有重大意义。

随着社会主义市场经济持续发展、医疗卫生改革不断深化，我国卫生健康事业取得了重大发展。"健康中国战略"的贯彻实施，体现了党中央对人民群众生命健康的高度重视，也在一定程度上体现了我国卫生健康事业由最初的救死扶伤、治病救人，满足基本医疗卫生需求，已经转化为人民群众对健康的高度重视，对优质高效医疗服务的需求日益增加。在这种新形势下，医疗卫生行业也面临着重大的挑战和问题：部分医疗机构和医务工作者一味追求经济效益，重技术轻医德，为达成临床指标，只重视患者数量、手术量等，行医过程中忽略患者感受和患者权利，收受红包、滥开药、滥开检查等现象依然存在，导致医患关系紧张、医患矛盾加剧，甚至在社会上产生诸多恶性伤医事件。加强医德医风建设，构建和谐医患关系已成为医疗机构和医务工作者亟须重视的重大课题。原卫生部部长陈竺认为，"医德医风，不仅是医务人员职业道德的集中体现，而且还是精神文明建设在医疗卫生系统中的具体体现，是构成社会道德内容中的一个重要方面。救死扶伤，使得患者身体康复是医务人员的天职。高尚的工作宗旨要求医务人员必须拥有高尚的道德风尚，并将其作为自己在日常医务活动中遵循的准则，只有这样才能使医务人员更加明了自己工作的意义，更好地为患者服务，在医疗行为中切实履行职责。"①

加强医德医风建设要从原则和范畴两个方面入手。作为一名医务工作者，救死扶伤、技高艺精、具备治病救人的能力，尊重所有病人的权利和人格，实行人道主义是其原则的重要内容。而其义务权利、审慎节操以及情感良心则是范畴的重要内容。社会主义医务工作者从业的基本宗旨就是全心全意为人民服务、救死扶伤、实行革命的人道主义。医德医风建设不仅包括有关医德医风的基本原则和行为规范，还包括医德医风教育、医德医风文化建设等方面。加强医德医风建设，对规范和约束广大医务工作者的医疗行为，提高医务工作者职业道德观念、职业道德修养，提高社会道德发挥着重要的基础性作用。

---

①　陈竺.《切实加强卫生厅行业作风建设，保障卫生改革发展顺利进行——在2010年全国卫生纪检监察暨纠风工作会议上的讲话》，2010-01-21.

毛泽东在《纪念白求恩》一文中指出："一个外国人，毫无利己的动机，把中国人民的解放事业当作他自己的事业，这是什么精神？这是国际主义的精神，这是共产主义的精神，每一个中国共产党员都要学习这种精神。"[①]白求恩精神对当今我国医疗卫生事业依然发挥着重要的精神引领作用，是医疗行业中始终倡导的一项原则，同时也必然成为众多医务工作者的职业信仰，要将白求恩精神永远地继承和弘扬下去。由于受到市场经济浪潮的影响，医务人员的道德、价值观念也发生了很大的变化，必须把加强医德医风建设和传承白求恩精神二者有效地结合起来，用白求恩精神引领医德医风建设。

### （一）认清医生本质

"坚持救死扶伤、治病防病的宗旨，以病人为中心，全心全意为人民健康服务"，[②]这是医务工作者所应当遵循的基本的从业宗旨。一名医务人员要拥有良好的医疗执业水平和高尚的职业道德，切实履行防病治病、救死扶伤的伟大职责，继承和发扬精诚理念和人道主义精神。医生这一行业与其他行业不同，他们的工作和病人的生命健康直接挂钩，他们的责任更为重大，救死扶伤是医生的使命也是应为之奋斗终生的事业，这也是医德医风建设的基本内容。假设我们把老百姓看作是从政者的衣食父母，那么让患者的身体获得康复则是医生学习工作的动力。医生的天职是救死扶伤，正因为如此，医生在面对病人时，要像白求恩一样怀有一颗感激、敬畏的心。

医生面对的是人，是一个个有血、有肉的生命个体。我们说职业没有高低贵贱之分，生命也是一样，每一条生命都是宝贵且平等的，都应当受到他人的尊重。从另一个角度来说，患者将自己的生命健康毫无顾忌地交付给一个素不相识的人，这体现了患者对医生极大的信任。并且在一定意义上来说，"是病人培养了医生，我们医生的本领有些是以病人的痛苦为代价获得的。"[③]因此，医务人员应当像对待家人那般对待患者，使其能够在自己的医治下尽快恢复健康。同时我相信如果每个医生都能以一颗赤诚谨慎的心对待患者，那么医患矛盾、纠纷将会少之又少。

① 毛泽东. 毛泽东选集（第2卷）[M]. 人民出版社, 1991.
② 《医疗机构从业人员行为规范》. 卫生部、国家食品药品监管局、国家中医药管理局, 2012.
③ 王忠诚. 论医生的责任[J]. 中国医学伦理学, 2009（3）.

## （二）具备精湛医术

医疗卫生行业是一个服务于人的生命和健康的行业，需要掌握特殊的专业技术。高超的服务水平和专业技能是每一位医务工作者所应当具备的专业素质，也是医务工作者的行业基础所在。

白求恩不仅医术精湛，而且具有严谨的科学精神。白求恩作为一名胸外科大夫，他在胸外科方面所创造的卓越成就使得他闻名于世，但是即使这样，他仍然认真细致地对待每一次手术。比如在晋察冀边区每次手术前，他都会先观察伤员的病情，然后思考探讨手术方案，力图最大限度地减少伤残。白求恩曾经说过："作为一名良好的素质称职的医生，应当具备像鹰一样的眼睛，对病看得准；有一个狮子的胆，对工作大胆果断；有一双绣女的手，做手术灵活轻巧；有一颗慈母的心肠，热爱伤病员。"这种严谨的科学态度、精湛的医学技术、高超的服务质量应该成为当今每一个医务工作者努力的方向和永恒的追求，也是医德医风建设中不可缺少的要求。新时代的医务工作者要以白求恩为榜样，学习他的优良品质，严格遵守诊疗护理规范，始终树立医疗安全意识，学好医疗知识，练好医疗技术，不断提高为患者服务的质量和水平。

## （三）和谐医患关系

最近几年，医患关系问题越来越成为社会关注的焦点，而近年来一些地区所发生的恶意伤医事件更是让医患关系问题一度成为热点话题。在我国，医患关系总体上相对和谐，紧张的医患关系主要存在于局部地区、个别医院，但由于互联网的快速发展，特别是自媒体的兴起，导致一旦发生相关事件便会迅速传播扩散并引起广泛关注。

当前，我国社会主要矛盾已经转化为人民日益增长的美好生活需要和不平衡不充分的发展之间的矛盾，医疗卫生领域亦存在着不平衡不充分发展问题，这也是医患关系产生的深层次原因。构建和谐医患关系需要社会各方协同发力，关键环节是贯彻落实好白求恩精神，医院及医学院校要承担起相应的责任，加强对医生、医学生的思想教育以及心理健康教育。首先，医院及医学院校要向学生传递白求恩的精神，培养他们正确的价值观。白求恩具有强烈的责任意识和敬业精神，值得每一位医务人员学习。医院和医学院要用正确的方式向学生传递这种精神，使其内化于心，外化于行，将这种精神融入日常的医务工作。其次，要加强对医生及医学生的心理健康教育。当他们存在心理上的问题时，要及时进行疏导，并帮助其正确的认识医患关系。再次，要十分注重对医生和医学生进行生命意识和职业道德的教育。因为人的生命始终是处于第一位的，生命的质量要想得到更好的保障和完善，就需要医生有崇高的使命感和良好的生命意识。同时，拥有良好的道德观也是一个现代医务工作者所必需的，加强医务工作者的职业道德教育是培养高素质医学队伍的必然选择。

**（四）促进人才培养**

建设中国特色社会主义伟大事业需要各行各业的人才。在改革开放不断深入和市场经济不断发展的条件下，要继承和发扬白求恩精神，用白求恩精神引领医风医德建设，培养造就高素质的医学人才。

1.继承白求恩敬业的精神，提高医务工作者的职业道德修养。白求恩具有崇高的职业道德和强烈的敬业精神，这一精神在新时代具有新的内涵，主要表现为爱岗敬业、诚实守信、热心奉献、优质服务、不谋私利的精神。要学习和发扬白求恩的良好职业道德，对工作极端负责，对同志对人民极端热忱；要坚持对人类、对社会、对人民负责的相统一，做到尊重人、关心人、热爱集体、热心公益、扶贫帮困、为人民为社会多做好事；要坚持集体利益与个人利益相统一，当集体利益和个人利益发生冲突时，以集体利益为重；要坚持树立正确的职业价值观和职业伦理观，恪守职业操守，筑牢道德底线，保持良好的职业声誉和形象；要大力整顿医疗卫生领域违规违纪行为，捍卫医疗卫生的职业伦理。

2.继承白求恩志愿的精神，提高医务工作者的思想道德修养。志愿者服务是现代社会文明程度的重要标志，也是推进精神文明建设和思想政治教育的有效形式之一。众多志愿者在形式各异的志愿服务活动中做好事献爱心，送温暖解民忧，不仅有力推动了社会主义核心价值观建设，而且受到了深刻教育，提高了自身的思想道德修养。80年前，正当中国处于抗战时期，白求恩率领加拿大和美国医疗队来华，支援中国人民的抗日战争，不仅为中国人民的抗日战争做出了杰出的贡献，而且为我们留下了宝贵的白求恩精神，激励着无数的人以白求恩为榜样奋力前行。成立于1993年的吉林大学白求恩志愿者协会，已经拥有5000余人的志愿者，500多个志愿服务基地，长达40万小时的志愿服务时长，以实际行动学习白求恩、致敬白求恩。2014年，李克强总理给吉林大学白求恩志愿者协会回信："信念引领脚步，希望大家继续以爱心和知识帮助需要帮助的人，与千千万万志愿者一起传播守望相助的正能量，在全社会形成崇德向善的好风尚。也希望大家在这一过程中潜心研学、砥砺品行，在为国家发展、人民福祉奉献中成长进步。"要经常组织医学生和医务工作者参加志愿活动，在活动中领会白求恩精神，学习榜样的力量，同心共筑伟大中国梦。

### （五）创建医院文化

医院文化建设是医院两个文明建设的基础性工作，可以为医德医风建设提供良好的文化氛围，医德医风建设则是医院文化建设的重要内容与途径。随着我国医疗卫生体制改革的深入以及医患关系的复杂化，加强医院文化建设，提升医德医风水平，是医院健康持续发展必然要求。创建良好的医院文化，要注重总体设计，从制度、理念、品牌、形象以及医务人员的思想观念、价值理念、行为规范、道德标准等各个方面进行整体谋划；要注重统筹兼顾，既要继承弘扬我国优秀传统医药文化，又要吸收借鉴国外现代医药文化的有益元素，重点是加强核心价值观建设，以白求恩精神来培育医务人员的责任感和使命感；要注重提高素质，加强对医务人员的思想教育、道德教育，使其形成良好的创新意识、竞争意识和服务意识；要注重融入工作，坚持把医院文化融入医疗中心工作，让医务人员真正做到爱岗、爱患者、爱医院，无私奉献；要注重常态长效，坚持"长""常"二字，坚决杜绝形式主义，避免走过场、一阵风。

## 二、医德医风建设的特性

### 1.长期性

医患矛盾以及医务工作者收受患者红包、抽取药品提成等问题一直存在，因此，加强医疗卫生行业医德医风建设是一项长期的、任重而道远的工作。针对这一特点，要进行长期的教育。习近平总书记强调，"要注重文化浸润、感染、熏陶，既要重视显性教育，也要重视潜移默化的隐形教育，实现入芝兰之室久而自芳的效果。"要创新教育形式，丰富教育内容，提升医务人员对医疗卫生事业职责与使命的认识；要将社会主义思想政治教育和医德医风教育相结合，做到系统性教育和针对性教育相结合。要把岗前培训与在职培训结合起来，帮助医务工作者扣好第一粒扣子；要把教育培训与医务人员的成长发展结合起来，使个体与集体同成长共进步，共同为建设企业文化而努力。

## 2.系统性

医德医风建设若想取得实效，必须采用系统性的方法。要根据医德医风建设的不同阶段、不同深入程度，从基础建设阶段、落实阶段、管理完善阶段来抓起。医德医风的基础建设主要是为了解决"有没有"的问题，要从医疗卫生行业及医务人员特点出发，围绕整个行业的发展战略、经营管理、人力资源等，提炼出符合实际的优秀行业文化基因，为行业的健康、可持续发展奠定行业文化提升的基础，并通过简练、清晰的表达，形成一套完整的理念体系、行为体系，从而为后续建设提供坚实基础。医德医风的落实主要是为了解决"用不用"的问题，通过宣传讨论、教育培训、制定制度等各种方式，使医务人员对医德医风从认知到认同，从认同到践行，使良好医德医风的价值主张真正成为医务人员的行为模式。在这一阶段，要特别注重加强制度化建设，从行为和原则上对医务工作者进行约束和规范。管理完善主要是解决"好不好"的问题，通过建立相关的测评体系、奖惩体系，使价值观管理和医德医风建设成为医院不可或缺的一部分。

## 3.全面性

医德医风建设应当多方位、多层面推进。医疗卫生行业部门众多，医德医风建设应当覆盖整个行业所有部门、所有岗位和各种业务、事项，不能存在空白点，这样才能形成整体效应。医德医风建设应当始终贯穿医务工作者医疗行为的全过程，在诊断、治疗、用药、康复各个环节展现医务工作者的精湛技术、医者仁心。医德医风建设应当始终贯穿医务工作者职业生涯的全过程，无论是起步阶段、适应阶段、成熟阶段、中期阶段和后期阶段，都应当严格遵守医德规范，努力提高职业道德素质，改善医疗服务质量，全心全意为人民健康服务。

## 三、着力破除医德医风建设的误区

我国于2001年颁布了《公民道德建设实施纲要》，对公民基本道德规范进行了概括，主要是"爱国守法、明礼诚信、团结友善、勤俭自强、敬业奉献"。[①]《中共中央、国务院关于卫生改革与发展的决定》对医疗服务行业也作出了相关要求，指出医疗服务行业要"教育广大卫生人员弘扬白求恩精神，树立

---

① 中共中央关于印发《公民道德建设实施纲要》的通知[R]. 中华人民共和国国务院公报, 2001（2）.

救死扶伤、忠于职守，爱岗敬业、满腔热忱，开拓进取、精益求精，乐于奉献、文明行医的行业风尚，自觉抵制拜金主义、个人主义及一切有损于群众利益的行为。"可见，良好的医德医风一直是医疗卫生行业所倡导的职业追求。但随着社会主义市场经济的发展，医疗行业也存在一些突出问题。白求恩认真负责、精益求精、宽以待人的优良品质正是当前医疗卫生人员所亟待培养的精神。加强医德医风建设，要大力弘扬与继承白求恩精神，有效发挥白求恩精神的行业引领作用，树立医疗卫生行业中的道德模范、医界楷模。但目前各医疗卫生机构加强医德医风建设的过程中，仍然存在一些误区，阻碍了医德医风建设取得实效。

1.思想认识不到位

这主要体现在一些医学院校及医学生在思想上没有充分认识到医德医风建设的重要性，将其视为"软指标"，存在着"重技术教育、轻医德医风教育"的现象。要改变这种错误的思想观念，一是在思想上固本清源。高度重视医德医风教育，将医德医风教育融入技术教育全过程，使学生由被动教育变为主动重视学习，提高自身对医德医风教育重要性的认识，从思想上防患于未然，自觉践行全心全意为人民服务的宗旨，发扬优秀医德，维护医疗卫生行业的形象和信誉。二是融入日常。将医德医风教育融入日常工作，融入本职岗位，突出医德医风建设的实践性，保持医德医风教育的经常性，提高医德医风建设的实效性，形成抓医德医风促进工作、抓工作强医德医风的良性循环。

2.方式方法缺乏科学性

一些医疗卫生行业的医德医风建设停留在表面，多采取一些"无关痛痒"的方式方法，如用宣传口号、宣传栏等对优秀医德医风进行宣传，没有做到与时俱进。一要丰富方式方法。采取案例教学、观看《白求恩》《索道医生》等影片、开展学习交流等方式，激发学习热情。特别是要将医德医风教育与树立先进典型相结合，充分发挥优秀医务工作者的榜样力量，增强医德医风教育的感染力和号召力，让医德医风教育深入人心。二要高度重视文化育人。医疗卫生行业各单位要加强文化建设，大力培育和践行社会主义核心价值观，教育引导医务工作者确立正确的价值取向和价值标准。

3.制度体系有短板

主要体现在医德医风制度不健全不完善，或相关的制度在执行过程中没有充分发挥激励约束作用。一要健全完善相关制度体系。通过制定有关医德医风的制度，为加强医德医风建设提供制度保障。二要强化制度约束。依据制度规定对医德医风建设进行定期或不定期的检查，奖优罚劣，营造良好的医德医风环境。

4.对白求恩精神的继承和弘扬不充分

主要体现在一些医务工作者淡忘和忽略了白求恩精神，或者缺乏对白求恩事迹的了解。要采取专题报告会、集中学习、小组讨论学习、自学、演讲比赛、观看《白求恩》影片、撰写心得体会等多种方式，广泛深入学习白求恩事迹，做到学习有榜样、努力有方向、前进有标杆。要加强对白求恩精神的研究阐释，并结合新时代对白求恩精神的实质进行新的理解与认识，发挥凝心聚力的重要作用。要以白求恩精神为指导，结合各自实际，形成医疗卫生行业各单位独具特色的精神和文化，为继承和弘扬白求恩精神营造良好的文化环境，推进广大医务工作者自觉约束医疗实践行为，提高职业道德修养，形成优良工作作风。

## 第二节　承典塑新——医德医风建设的动力源泉

### 一、学习白求恩精神——医德医风的文化符号

一个国家和民族的发展离不开文化的传承。习近平总书记指出："文化是一个国家、一个民族的灵魂。文化兴国运兴，文化强民族强。""没有高度的文化自信，没有文化的繁荣兴盛，就没有中华民族伟大复兴。要坚持中国特色社会主义文化发展道路，激发全民族文化创新创造活力，建设社会主义文化强国。"对于中国特色社会主义文化的含义，习近平总书记指出："中国特色社会主义文化，源自中华民族五千多年文明历史所孕育的中华优秀传统文化，熔铸于党领导人民在革命、建设、改革中创造的革命文化和社会主义先进文化，植根于中国特色社会主义伟大实践。"这一重要论述充满了张力，用简洁有力的语言概括了中国特色社会主义文化的内涵。

白求恩以及白求恩精神，历经多年一直是我国医疗卫生行业尊崇的典范与精神。学习白求恩精神，必须先了解白求恩精神的形成过程。1938年白求恩来到中国，支援中国的抗日战争。1939年10月下旬，为了抢救在摩天岭战斗中受伤的

125

同志，白求恩左手中指不幸被病菌感染，但是由于当时伤员众多，他忙于救治受伤的士兵而没有及时对自己手指进行治疗，导致了病情不断恶化。1939年11月12日，感染导致了败血症，但是由于当时的医疗条件有限，他的病情并没有好转，最终在河北逝世。在此之后，党内对白求恩同志的事迹进行了广泛的宣传，并提倡要以白求恩同志为榜样，八路军聂荣臻最先开始负责宣传白求恩的事迹和白求恩的精神。之后，在1939年12月21日，毛泽东同志发表了《纪念白求恩》，介绍了白求恩同志生前的一些事迹，并对白求恩精神进行了提炼和总结，号召全党向白求恩同志学习。《纪念白求恩》这篇文章发表之后，朱德、聂荣臻等也相继发表文章以表达对白求恩同志的怀念之情，如《纪念白求恩同志》（朱德，1940年）、《纪念白求恩大夫》（吕正操，1940年）、《接受白求恩同志给我们留下的宝贵遗产》（饶正锡，1940年）、《白求恩大夫》（周而复，1944年）、《手术刀就是武器》（泰德阿兰·赛德奈戈登，1952年）、《我们时代的英雄》（宋庆龄，1952年）、《高尚的人纯粹的人》（陈淇园，1973年）、《纪念白求恩》（12开画册，人民出版社，1979年）、《要拿我当一挺机关枪使用》（聂荣臻，1979年）、《我唯一的希望是能够多有贡献》（吕正操，1979年）、《生命像火一样燃烧》（江一真，1979年）、《今天仍然需要提倡白求恩精神》（聂荣臻，1989年）、《白求恩在唐县》（韩海山等，1990年）、《重学白求恩》（陈沙，1995年）、《无私无畏光耀千秋》（杨成武，1995年）。学习这些关于白求恩精神的文学作品、纪念文章，不仅可以加深我们对白求恩精神内涵的认识，而且有助于我们更好地了解白求恩精神的历史演变、后人评价等问题。

多年来，白求恩精神在广大医务工作者的继承和弘扬下，被不断赋予新的时代内涵，早已成为优秀医德医风的文化符号。做"白求恩式医务工作者""白求恩式好医生"评选等活动，都体现了白求恩精神对我国医务工作者医德医风建设的引领作用，早已成为一种标志、一种象征，代表着优良工作作风和高尚医德的结合。在2017年全国卫生计生系统表彰大会上，习近平总书记作出重要指示，强调党和国家始终高度重视发展卫生和健康事业、增进人民健康福祉，广大卫生计生工作者恪守宗旨、辛勤工作，以实际行动培育了"敬佑生命，救死扶伤，甘于奉献，大爱无疆"的崇高精神。这16字是对我国广大医务工作者职业精神的高度概括，也是新时代白求恩精神的高度凝练，必将激励广大医务工作者全心全意为人民服务，为实现"两个一百年"奋斗目标和中华民族伟大复兴的中国梦而拼搏奉献。

## 二、传承白求恩精神——医德医风的精神支撑

2013年3月，习近平总书记在访问刚果（布）期间，提炼总结出"不畏艰苦，甘于奉献，救死扶伤，大爱无疆"的援外医疗队精神，这不仅仅是党中央、国务院对我国援外医疗工作的认可与肯定，更是对全国医务工作者医德医风的要求，对新形势下加强我国医德医风建设，推动我国医疗卫生事业发展具有重要意义。重塑白求恩精神，让广大医务工作者继承和弘扬白求恩精神，能够充分发挥白求恩精神对加强我国医疗卫生行业医德医风建设的精神支撑作用。

白求恩作为一名共产主义者、马克思主义者，其共产主义信仰，促使他放弃原有的舒适环境，选择到前线战斗，作为一名国际共产主义战士参加了反法西斯战争。白求恩坚定的共产主义信仰是在其经历和广泛的社会实践中不断形成并进而深化的。在中国抗日战争爆发后，为支援中国人民抗战，他继续投身于艰苦卓绝的战争中。白求恩所拥有的国际主义精神，离不开他对共产主义真理的炽热追求，离不开他为共产主义真理而勇于献身的革命精神，是他践行共产主义伟大理想的必然选择。新形势下弘扬白求恩所具有的共产主义坚定信仰，有利于形成强大的精神力量，对弘扬社会主义核心价值观提供了精神支撑。"人对理想的追求和人所追求的理想，是以人的信仰为根基并以信仰为动力的。"①信仰不只是一种方向，更是一种动力。白求恩坚定的共产主义信仰支撑给了广大医务工作者源源不断的动力与强大的精神支持。一是要用白求恩精神加强我国的医学教育。利用白求恩精神来教书育人，有利于提高医学生和医务工作者的思想道德修养。"医学教育必须牢固确立白求恩精神，为人民服务的思想，为社会主义现代化建设服务的观念，适应国家卫生事业发展的要求，这是高等医学教育的安身立命之本，也是21世纪高等医学教育改革和发展的方向"②。要让白求恩精神进书本、进课堂、进头脑，提高医学生的综合素质，成为白求恩式的医务工作者。二是要用白求恩精神加强学校思想政治教育。要始终把弘扬白求恩精神作为加强学校思

想政治工作的一项重要内容，教育引领学生学习白求恩同志的感人事迹，感受伟大的共产主义和国际主义精神，感悟白求恩精神蕴含的信仰力量。三是要用白求恩精神塑造医学职业精神。白求恩精神是一种纯粹的职业精神，是医学职业精神的集中体现。当前我国医疗卫生事业正处于改革时期，医患矛盾不仅存在而且比较尖锐，在这种形势下，更要重拾白求恩精神瑰宝，通过组织教育以及自我教育等方式，重塑医务工作者的职业理想、培育医学人文精神和医学科学精神，这不仅是广大患者的殷切期盼，也是医疗卫生界坚守正道、弘扬正气，获得百姓信任、员工幸福、同行尊重、政府满意的必由之路。

### 三、弘扬白求恩精神——医德医风的血脉传承

白求恩精神与医德医风建设有着不可分割的重要联系，与医疗服务质量密切相关，对加强医疗卫生行业的行风建设有着重要的推动作用。白求恩精神诞生之初，中国正处于战争年代，现在我国已经进入中国特色社会主义新时代，白求恩精神随着时间变化也被赋予了新的时代内涵。80年来，白求恩精神发生了两个重要的转变，主要体现在白求恩医学精神和白求恩医德风尚的转变上，我们应当从时代变化的角度来正确理解这两个转变。

一是白求恩医学精神的转变。白求恩医学精神主要指的是对医术精益求精的精神和奉献的精神。在抗日战争极其恶劣的条件下，白求恩仍然坚持工作，直至为中国的革命事业献出了宝贵的生命，这体现了他在革命战争年代高超的医学技术和默默奉献的精神。而目前中国社会主义已经进入了新时代，时代环境已经发生了翻天覆地的变化，医学技术迅猛发展，医疗环境极大改善，因此对医疗工作者提出了更高的医术要求和标准。另一方面，从奉献精神的角度来看，在中国革命战争年代，白求恩为中国革命的胜利作出了巨大的贡献，展现了一个毫不利己，专门利人，为国际共产主义事业勇于献身的医者形象。中国社会主义新时代，我们倡导"以人为本"，提倡医生和患者的生命是平等的，因此要求医生更加重视自身的身心健康，只有这样，更多人的生命才能得到挽救。"以人为本"的理念不是一句口号，而是要求实实在在地践行白求恩精神，关心人，重视人，这就对广大医务工作者的工作态度和价值取向提出了更高的要求。

二是白求恩医德风尚的转变。白求恩医德风尚主要指的是服务意识和践行

标准的转变。首先，白求恩具有良好的服务意识和奉献精神，他对工作认真负责、一丝不苟的态度诠释了他的服务意识，同时这种态度也成为中华民族优良品格的重要组成部分。但是，伴随着市场经济的深入发展，医疗机构逐渐变得商业化，受此影响，医务工作人员的价值取向也逐渐发生改变甚至偏离。医院恶性竞争事件频发，医务工作人员攀比之风盛行，医生的服务意识开始淡薄。因此，在这样的现实境遇下，要想更好地实现我们党全心全意为人民服务的宗旨，必须加强医务人员的服务意识。其次，是践行标准的转变。我们承认在中国的革命年代和改革开放的初期，广大的医务工作人员对白求恩精神予以了强烈的认同，并将其作为一种精神上的模范。但是伴随着社会的发展，医务工作人员的价值取向发生变化，呈现了多元化的特点，白求恩精神应当以一种什么样的形式存在就成了医德医风建设中的现实困境。白求恩精神不应当只是一种宣传口号而应当成为一个实实在在的有血有肉、有精神信仰的真实存在。因此，这就对践行白求恩精神的标准提出了新的符合时代的要求。研究白求恩精神，一是要敢于深入地挖掘人性的光芒，二是要对白求恩精神的精神实质进行时代的阐释，彰显其时代内涵，体现其时代价值。

加强医德医风建设，离不开继承和弘扬白求恩精神，白求恩精神的内涵也随着时代变化而不断发展，对我国当前医疗卫生事业具有重要的精神引领作用，作为医德医风的血脉传承，在加强医德医风建设的同时，必须要从医德医风教育抓起，使医学生、医务工作者增进对白求恩事迹及白求恩精神的理解，更好地将弘扬白求恩精神融入日常的工作实际中，在我国医疗卫生领域形成优良医德医风，做到全心全意为人民服务，更好地为人民群众的生命健康保驾护航。

## 第三节　铸魂育人——医德医风建设的核心本质

铸魂作为意识形态的本质要求，所铸之"魂"也应为意识形态之魂。意识形态之魂主要指的是信仰、精神和价值。三者既要发挥各自的作用，同时又要发挥其联动关系。具体表现为："信仰是价值的升华和精神的归属，价值是信仰的基础和精神的原则，精神是信仰的动力和价值的滋养，三者各为一表又相互融通。"①《易·系辞上》曰："形而上者谓之道，形而下者谓之器。""医魂"中"医"即是"器"，"魂"即为"道"，而文以载道，因此，"魂"也属于文化范畴，《易经》贲卦载："刚柔交错，天文也；文明以止，人文也。关乎天文以察时变，关乎人文已化成天下。"以文化人，即要通过铸塑灵魂，达到化人、育人的效果。

当代中国之"医学"既熔铸了中西医的脉络体系，又融汇了中西医的思想精髓，既涵盖了医疗技术服务、医学人才培养、医学科学研究等主要任务，也彰显了医药卫生体制改革、健康中国建设等时代命题。因此，我们必须站在马克思主义观点的立场上和中国特色社会主义事业的伟大实践上来剖解当代中国医魂。中国当代医魂不单是指一个医生的精神品格，也不单是一个综合性行业的职业标准，它是指统摄贯穿当代中国社会整个医学体系和卫生事业的信仰向度，价值旨归和精神内涵，坚定的共产主义信仰、与社会主义核心价值相统一的行业价值标准、与中国精神相契合的丰硕的精神内涵是中国当代医魂的三大基本要素。同时，它具有三个显著特征：一是特殊性。当代中国医魂中所蕴含的信仰是有别于一般的宗教信仰或政治信仰，它是一种坚定的共产主义信仰。医疗卫生作为中国特色社会主义事业的重要组成部分，坚定的共产主义信仰是把握事业发展方向的根本保证。二是具有整体性。李忠军（2015）指出，信仰指引铸魂方向，价值明确铸魂规约，精神创生铸魂动力。②三者彰显了信仰、价值和精神三位一体的总体逻辑，又各有侧重、相互融通、互为支撑、缺一不可，应当整体布局、协调并进，实现三者合力铸魂。三是具有广泛性。不同地域、不同医疗机构所倡导的核心价值理念各具特色，他们或从中国优秀传统文化中汲取营养，或从医疗机构自身的历史文化中凝练内涵，但是都具有一定的局限性，不适宜广泛推广，只有信仰、价值、精神三位一体的铸魂逻辑具有普世的价值意义，共同构筑了中国当代医魂的基本内涵。

白求恩同志是高尚医德中的典范，他所具有的毫不利己、专门利人的精神以及精益求精的精神被全国人民所尊崇。因此，在我国医疗卫生改革不断深化、新一轮医改的实施过程当中，促进良好行业风气的形成，坚守职业信仰和职业道

---

① 李忠军. 中国梦·社会主义核心价值观·中国精神三位一体的铸魂逻辑[J]. 社会科学战线, 2015. 6

② 李忠军. 中国梦·社会主义核心价值观·中国精神三位一体的铸魂逻辑[J]. 社会科学战线, 2015. 6

德，坚持全心全意为人民服务的宗旨，推进我国健康中国战略的实施，都离不开白求恩精神的弘扬和引领，用白求恩精神铸塑当代中国医魂，是铸牢医疗卫生全行业、全领域意识形态的本质和有效途径，同时也为我国打造医术精湛和医德高尚的高素质医学人才队伍提供了价值导向。

## 一、铸牢信仰之魂

中国共产党已经走过了98年的历程，始终不忘全心全意为人民服务的初心，始终有着中国共产党的奋斗精神，保持着对人民的赤子之心，没有忘记中国共产党一路走来的艰辛历史，也没有忘记未来的路，有的就是对共产主义的信仰，坚定的理想信念，始终坚持对马克思主义和共产主义信仰不动摇，永葆生命力和战斗力的思想保障。

习近平总书记曾强调，"人民有信仰，民族有希望，国家有力量。实现中华民族伟大复兴的中国梦，物质财富要极大丰富，精神财富也要极大丰富。我们要继续锲而不舍、一以贯之抓好社会主义精神文明建设，为全国各族人民不断前进提供坚强的思想保证、强大的精神力量、丰润的道德滋养。"[1]坚定的信念信仰使人充满力量，使人精神富足，为人的一生提供源源不断的精神动力。习近平总书记组织在十八届中央政治局第一次集体学习时曾经指出："坚定理想信念，坚守共产党人精神追求，始终是共产党人安身立命的根本。对马克思主义的信仰，对社会主义和共产主义的信念，是共产党人的政治灵魂，是共产党人经受住任何考验的精神支柱。形象地说，理想信念就是共产党人精神上的"钙"，没有理想信念，理想信念不坚定，精神上就会"缺钙"，就会得"软骨病"。[2]《中国共产党党员领导干部廉洁从政若干准则》也对党员干部提出了相关的要求，要求党员领导干部树立远大理想，坚定中国特色社会主义信念，践行社会主义核心价值观。白求恩精神所包含的无私奉献、救死扶伤的人道主义精神是广大医务人员所应遵循的，同时也引领着医德医风建设，是进行思想教育和职业精神教育的有效途径。白求恩精神有助于为医疗卫生事业的发展提供道德力量，从而使人们

---

① 习近平.《会见第四届全国文明城市、文明村镇、文明单位和未成年人思想道德建设工作先进代表并发表重要讲话》，2015-2-28.

② 习近平.《中央政治局第一次集体学习时的讲话》，2012-11-17.

产生共鸣，积极践行这种精神。

当前，随着我国社会政治经济发展，医疗卫生改革的深入推进，我国医疗卫生事业取得了显著发展，但发展的同时仍然在医疗卫生行业领域存在着一些问题，部分医疗机构和医务工作者追求经济效益，将利益摆在第一位，淡化了全心全意为人民服务的宗旨意识，违背职业道德和职业规范，对待患者收受红包、滥开检查、滥开药，采用进口药、高价药，抽取回扣等等，导致医患关系紧张，我国的医德医风建设成为了医疗卫生事业发展过程中亟须解决的重要问题，医德医风建设存在的"滑坡"现象，引起了社会各界和媒体的广泛关注，其最根本原因在于医务工作者信仰缺失，忘记初心和使命，以至于没有将患者利益放在第一位，没有始终将全心全意为人民服务作为工作的出发点和落脚点，因此，重铸信仰已成为必要。

信仰维度，指的是意义世界，这是红色基因。信仰是意识形态中的"魂中之魂"，它对社会后续发展的方向具有指导作用，对个体心灵的终极意义具有抚慰作用，使社会成员形成坚定的信念。从本质上来说，信仰就是具有终极意义的理想信念。信仰规定着意识形态的性质。"[1]信仰对于个人来说，可以是行为践行的标准与尺度；对于行业来说，可以是一个行业发展的根基与动力。

白求恩精神的信仰是政治信仰，是共产主义信仰，是红色基因的体现。他的信仰是实践的，是在大量的社会实践中不断形成并坚定的终极信仰，与我们所说的共产主义信仰是对接的。其共产主义信仰在特定的历史背景中产生，在社会主义建设时期，我们也离不开白求恩精神，它在历史进程中不断被赋予新的时代内涵，与我们党提出的中国梦相通。习近平曾强调："对马克思主义的信仰，对社会主义和共产主义的信念，是共产党人的政治灵魂，是共产党人经受住任何考验的精神支柱。"白求恩不远万里来到中国，把中国人民解放的事业当作他自己的事业，同他坚定的共产主义信仰是分不开的。白求恩精神的信仰不仅是对马克思主义信仰与对共产主义的信念，更成为他行为的一种动力与方向。他的这种政治信念正是时代需要，全党、全社会所呼唤的。

白求恩精神最初是站在全党全军高位被提出的。随着新中国成立，便成为国家意识形态的组成部分。在改革开放时期，特别是市场经济背景下，其政治

---

① 史巍. 铸魂育人中灵魂范畴的唯物主义解读[J]. 思想理论教育, 2015. 11.

信仰的功能相对弱化，更多地体现在价值维度，即行业道德。白求恩毫不利己专门利人的共产主义精神，勇于牺牲和全心全意为人民服务的工作作风和精神，是共产主义精神的真实体现，是白求恩精神的核心所在。共产主义远大理想和我们建设社会主义现代化强国的奋斗目标相一致，以坚定的共产主义信仰为灵魂的白求恩精神，不仅是医疗卫生行业学习的楷模，更是中国共产党人献身共产主义事业的强大精神支柱①。白求恩的共产主义精神更是一种国际主义精神，白求恩精神正是这两种精神的高度统一和有机结合，是坚持国际主义和爱国主义的统一体现，是伟大的国际共产主义精神与中国人民抗日战争革命实践相结合的产物，共产主义的信仰是整个白求恩精神的灵魂，白求恩精神是建立在共产主义信仰基础上的精神升华。

"志不立，天下无可成之事。"如何弘扬白求恩精神，怎样筑牢信仰之魂，是我们当前需要思考的问题。习近平总书记曾对坚定理想信念做出过重要阐释，"理论上清醒，政治上才能坚定。坚定的理想信念，必须建立在对马克思主义的深刻理解之上，建立在对历史规律的深刻把握之上。全党要深入学习马克思列宁主义、毛泽东思想、邓小平理论、'三个代表'重要思想、科学发展观，深入学习党的十八大以来党中央治国理政新理念新思想新战略，不断提高马克思主义思想觉悟和理论水平，保持对远大理想和奋斗目标的清醒认知和执着追求。"②"要固本培元，把加强思想政治建设摆在首位，引导党员特别是领导干部筑牢信仰之基、补足精神之钙、把稳思想之舵，坚定中国特色社会主义道路自信、理论自信、制度自信、文化自信，增强党的意识、党员意识、宗旨意识，坚守真理、坚守正道、坚守原则、坚守规矩，做到以信念、人格、实干立身。"③广大医务人员要坚定理想信念，树立理想信念标杆，将白求恩精神作为精神信仰，指导临床实践，为自身的职业道德观念和职业修养提供源源不断的精神动力，筑牢医疗卫生行业的信仰之魂。

党的十九大以来，白求恩精神中政治信仰的作用则进一步凸显，成为中国魂的重要支撑与体现。发挥信仰的引领作用，学习并继承白求恩精神，用白求恩精神筑牢信仰之魂，为铸就我们当代中国医魂提供了重要的支撑作用。这种信

① 张启华. 信仰、仁心与仁术——学习纪念白求恩[J]. 中共党史研究，2013（6）.
② 习近平. 《在庆祝中国共产党成立95周年大会上的讲话》，2016-7-1.
③ 习近平. 《中央政治局第三十三次集体学习时的重要讲话》，2016-6-28.

仰，对提高我国医疗卫生领域医德医风建设具有重要的推动作用，拥有凝聚广大医务工作者的强大力量，也是推动我国卫生健康事业，实现健康中国战略所需要的精神动力和源泉。

## 二、铸塑价值之魂

价值维度，即观念世界，这是白色基因。从一般意义上来说，价值指的是客体的存在、作用以及它们的变化对于主体需要及其发展的某种适合或一致。价值反映了利益集团构筑发展意识形态的原则和尺度，是某一特定集团把自身最根本的利益扩大化为社会共同的利益，并使其和其他利益集团的诉求相区别的主要表征和核心内涵。[①]

"当代中国价值观念，就是中国特色社会主义价值观念，代表了中国先进文化的前进方向。"[②]白求恩精神的价值维度体现为行业标准，成为医疗卫生行业的价值观，是医疗卫生行业领域的一种文化约定，是白色基因的体现。白求恩精神是社会主义核心价值观的一种凝结与体现，不仅是全国医疗行业职业的规范与约定，也是社会主义核心价值观在医疗行业领域内的价值体现。白求恩精神的价值操守是对古今中外医学精神的传承与超越。

"我们大家要学习他毫无自私自利之心的精神。从这点出发，就可以变为大有利于人民的人。一个人能力有大小，但只要有这点精神，就是一个高尚的人，一个纯粹的人，一个有道德的人，一个脱离了低级趣味的人，一个有益于人民的人。"[③]毛泽东的这一评价可谓是对白求恩同志高尚人格的高度概括。全心全意为人民服务的人生价值观，指导了他的实践，将毕生投入到了共产主义的伟大事业中，将生命献给了中国的革命解放事业，成了他的精神追求与动力支撑。从人格维度看，白求恩树立的共产主义价值取向和全心全意为人民服务的信念，不仅是白求恩精神所蕴含的传承性的精神滋养，更成为时代性的精神力量，与社会主义核心价值观相契合，是人格维度上的精神升华。

一直以来，白求恩精神为推动医疗卫生和各项事业发展提供着强大的道德

---

① 李忠军. 中国梦·社会主义核心价值观·中国精神三位一体的铸魂逻辑[J]. 社会科学战线，2015. 6.

② 习近平.《在中共中央政治局第十二次集体学习时的讲话》，2013-12-30.

③ 毛泽东. 毛泽东选集（第2卷）[M]. 人民出版社，1991.

力量。在几代领导人的号召下，都提倡深入学习白求恩精神。新中国成立后，白求恩毫不利己、专门利人的精神，对工作认真负责的态度，对群众极端热情的表现，对医术精益求精的优良作风，成了共产主义思想道德价值观的标准。在社会主义建设时期，白求恩精神融于社会主义精神文明建设之中，成了共产主义道德的主要规范。白求恩精神与社会主义核心价值观相通，与我们的中国梦、健康梦紧密相连，成为当前医学行业共同遵守的道德规范，具有巨大的影响力和凝聚力。

建设社会主义核心价值体系的重大战略任务是在党的十六届六中全会上所提出的，社会主义核心价值观是在党的十八大上正式提出的，其内容主要围绕国家、社会、个人三个层面展开。"富强、民主、文明、和谐是国家层面的价值要求，自由、平等、公正、法治是社会层面的价值要求，爱国、敬业、诚信、友善是公民层面的价值要求。"[1]践行社会主义核心价值观与继承弘扬白求恩精神有着密切的联系。"核心价值观，其实就是一种德，既是个人的德，也是一种大德，就是国家的德、社会的德。国无德不兴，人无德不立。如果一个民族、一个国家没有共同的核心价值观，莫衷一是，行无依归，那这个民族、这个国家就无法前进。"[2]而继承和弘扬白求恩精神，是培养广大医务工作者的德，是个人的德，也是整个医疗卫生领域的德。一个国家的发展、卫生健康事业的进步，离不开全体医务工作者的德，离不开全体医务工作者的医疗卫生行业的价值观，只有铸塑医疗卫生行业的价值之魂，始终继承和弘扬白求恩精神，才能整体提高我国医德医风建设的水平和质量，从源头上改变现存的医德医风问题，提升广大医务工作者的职业道德。

2015年"五一"劳动节前夕，习近平总书记对全国劳动模范以及先进工作者予以了表彰，并发表重要讲话，他强调，"'爱岗敬业、争创一流，艰苦奋斗、勇于创新，淡泊名利、甘于奉献'的劳模精神，生动诠释了社会主义核心价值观，是我们的宝贵精神财富和强大精神力量。"[3]长期以来，我国广大医务工作者弘扬"敬佑生命、救死扶伤、甘于奉献、大爱无疆"的精神，始终牢记全心

① 胡锦涛.《坚定不移沿着中国特色社会主义道路前进 为全面建成小康社会而奋斗》，2012-11-08.
② 习近平.《在北京大学师生座谈会上发表重要讲话》，2014-5-4.
③ 习近平.《在庆祝"五一"国际劳动节暨表彰全国劳动模范和先进工作者大会上发表重要讲话》，2015-04-28.

全意为人民服务的宗旨，对培养高素质的医学人才、提升医学技术等做出了卓越的贡献，在面对自然灾害和重特大事故前，广大医务工作者临危不惧、勇往直前、舍己为人，一直是对白求恩精神的生动诠释，是践行社会主义核心价值观的重要体现。

习近平在谈到社会核心价值观的重要作用时强调："核心价值观是文化软实力的灵魂"。因此，我们要积极践行社会主义核心价值观。但是对社会主义核心价值观的培育和践行不能只流于形式和表面，而应当真正使其落地生根，这一目标的实现离不开有效载体的发挥。高尚的白求恩精神可以感染人，在培育和践行社会主义核心价值观的实践中，大力宣传和学习白求恩精神，有助于不同年龄不同学历不同家庭背景的人们通俗准确地理解社会主义核心价值观的含义；有助于让社会已有的或者曾经的范式把社会主义核心价值观所蕴含的意义标示出来，从而使群众找到其自身价值观念的融通之处；有助于让社会主义核心价值观生活化、典型化到具体的人物中，成为人们学习的榜样。①价值为意识形态的确定提供了原则和标准，意识形态通过铸塑价值之魂为社会确立核心价值共识。发挥价值的核心作用，学习和弘扬白求恩精神，用白求恩精神铸价值之魂，把社会主义核心价值观的培育和践行融入医疗行业中去，为铸就当代中国医魂提供了价值共识与规则标准。

"广大青年要把正确的道德认知、自觉的道德养成、积极的道德实践紧密结合起来，自觉树立和践行社会主义核心价值观，带头倡导良好社会风气。要加强思想道德修养，自觉弘扬爱国主义、集体主义、社会主义思想，积极倡导社会公德、职业道德、家庭美德。"②"要继承和弘扬我国人民在长期实践中培育和形成的传统美德，坚持马克思主义道德观、坚持社会主义道德观，在去粗取精、去伪存真的基础上，坚持古为今用、推陈出新，努力实现中华传统美德的创造性转化、创新性发展，引导人们向往和追求讲道德、尊道德、守道德的生活，让13亿人的每一分子都成为传播中华美德、中华文化的主体。"③要在医疗卫生领域大力弘扬和践行社会主义核心价值观，使其成为全体医务工作者的共同价值追求，继承和发扬中华民族优秀传统文化和传统美德，继承和弘扬白求恩精神，使

---

① 魏晓玲.白求恩精神与培育和践行社会主义核心价值观[J].河北软件职业技术学院学报，2014（12）.

② 习近平.《在同各界优秀青年代表座谈时的讲话》，2013-5-4.

③ 习近平.《在同各界优秀青年代表座谈时的讲话》，2013-5-4.

其成为全体医务工作者的精神支撑，成为医务工作者日用而不觉的行为准则和职业道德规范。通过各种途径对人们进行关于社会主义核心价值观以及白求恩精神的宣传教育，比如可以采取医德医风教育、宣传先进典型、文化熏陶的方式，使广大医务工作者受到潜移默化的教育，使他们更加讲道德、尊道德、守道德，具备高尚的医德，也使社会主义核心价值观和白求恩精神内化于心、外化于行，成为广大医务工作者的精神信仰和自觉行动，不断夯实中国特色社会主义的思想道德基础，加强我国医疗卫生行业的医德医风建设。

### 三、铸就精神之魂

精神维度，也可称人格维度，即情感世界，这是绿色基因。精神具有历时性与现时性、社会性与个体性、习得性与创生性有机统一的内在规定，为人们思维方式、行为方式、生活方式形成发展提供情感基础和精神动力，是意识形态构筑发展的基础和支撑。[①]精神是意识形态的情感基础和精神基础，意识形态铸魂必须铸就精神之魂。白求恩精神是中国精神的重要组成部分，是中国精神的具体体现和一面旗帜，以此为载体形成表征医疗行业领域内的职业精神。

关于白求恩精神的意义研究，有学者从价值层面、实践层面分析了白求恩精神对人们的道德价值、人生价值选择方面的导向和引领作用（吉仁，1996）；有学者从思想教育、伦理学的角度分析了《纪念白求恩》一文发表后对人们产生的价值层面和行为层面的影响，为研究白求恩精神的历史价值提供了有价值的参考（王京跃，2009）。毛泽东在《纪念白求恩》中高度赞扬了白求恩对于工作极端负责任，对于同志、对于人民极端热忱的态度，实质上是一种践行"为人民服务""毫不利己，专门利人"和钻研医术、精益求精的职业道德精神。对于一名医务工作者而言，最重要的便是医德与医术，"医务工作者必须成为传统的，一贯利于他人的、人民健康的捍卫者。"白求恩在医术上追求精益求精，对待同志、对待人民始终怀着极端的热忱，始终坚持"全心全意为人民服务"，是对仁心良术的诠释与超越，是与传统医德紧密结合的体现。

恩格斯曾指出："每一阶段，甚至每一个行业，都各有各的道德。""一

---

① 史巍. 铸魂育人中灵魂范畴的唯物主义解读[J]. 思想理论教育，2015.11.

切以往的道德论归根到底都是当时的社会经济状况的产物"，"人们自觉地或不自觉地，归根到底是从他们阶级地位所依据的实际关系中——从他们进行生产和交换的经济关系中，吸取自己的道德观念。"[①]加强医德医风建设，促使良好医德医风形成，也是社会主义精神文明建设所要求的内容。人民健康不仅仅是全国人民所希望和努力追求的目标，而且也是国家富强和民族昌盛的标志之一。中国共产党始终把人民健康作为全面建成小康社会的重要组成部分，不断深化医疗卫生体制改革，推进健康中国建设，经历了一系列变化发展，为守护人民生命健康奠定了坚实的基础。"没有全民健康，就没有全面小康"这一论断是2014年12月习近平在考察江苏世业镇卫生院的时候所提出的。他强调，医疗卫生服务直接影响到人民的身体健康。要助推医疗卫生工作重心下移，医疗卫生资源下沉，实现城乡基本公共服务的均等化，使人民群众真正享有方便廉价的基本医疗服务，解决群众的看病难、看病贵的问题。2015年10月，"健康中国"被纳入国家战略。2016年8月，在全国卫生与健康大会上，习近平总书记强调，"要树立大卫生、大健康的观念，把以治病为中心转变为以人民健康为中心""将健康融入所有政策，人民共建共享"。（《"健康中国2030"规划纲要》）《"健康中国2030"规划纲要》的发布，作为建设健康中国的行动纲领，再次明确了"没有全民健康，就没有全面小康"的战略部署，是推进健康中国建设的重要布局。2017年10月，习近平党的十九大报告中明确指出，人民健康至关重要，是一个国家富强和民族昌盛的重要标志，并提出要"实施健康中国战略"。2018年3月，李克强总理向大会报告政府工作，在报告中，推进健康中国战略成为保障和改善民生水平的一项重点工作。在当前我国进入中国特色社会主义新时代的背景下，我国医疗卫生事业对医德医风建设的要求也越来越高，如何有效加强医德医风建设，形成优秀医德医风，发挥良好医德医风对构建和谐医患关系的重要作用和对促进社会良好风气形成的基础性作用。因此，新时代新形势下，为更好地全心全意为人民服务，保障人民群众生命健康，广大医务工作者必须具备良好的医德医风，并不断加强我国医德医风建设，才能更好地促进我国卫生健康事业稳步发展。

"'天地英雄气，千秋尚凛然。'一个有希望的民族不能没有英雄，一个有前途的国家不能没有先锋。包括抗战英雄在内的一切民族英雄，都是中华民族

---

① 马克思恩格斯选集. 第3卷[M]. 北京: 人民出版社, 1995: 133.

的脊梁，他们的事迹和精神都是激励我们前行的强大力量。"①榜样的力量是无穷的，加强医德医风建设，要在强化医德医风教育的同时，加强先进典型的宣传力度，白求恩的事迹和精神，就是激励我国全体医务工作者前行的强大力量，是全体医务工作者学习的典范和榜样，是我国医疗卫生领域的行业标杆，是提高我国医德医风水平，促进优秀医德医风形成的重要力量。

白求恩精神是高超医术和高尚医德的有机结合和高度统一，与我们当代社会主义核心价值观中强调的"敬业精神"相契合。弘扬与继承白求恩精神有利于加强为人民服务为核心的社会主义道德建设，形成医疗行业领域健康向上的优良职业道德，推进社会主义物质文明和精神文明建设。"对工作极端的负责任，对人民极端的热忱，对技术精益求精"的白求恩精神可以说是一种职业道德精神，是敬业精神的升华。

白求恩精神的精神维度，体现在对人的生命的敬畏与关爱，是绿色基因的体现。白求恩是高尚的人、纯粹的人，是白求恩精神的情感基础，也是实现价值与信仰的情感动力源泉。白求恩精神产生于特定的历史环境，在战争年代的背景下，发扬救死扶伤精神，是行业的典范，也是魂的具体载体和动力。践行白求恩精神，这是时代的呼唤，是中国梦的呼唤。

中国精神是历史性与时代性的统一。其历史性主要体现为民族精神和爱国精神，白求恩精神在爱国上具体体现为他作为一名爱国人士，在第一次世界大战爆发后，他中断学业，应征入伍，加入了第二战地医疗团，赴前线参加人道救援工作。在比利时，他腿部受伤，被迫退出前线。包括在他援助西班牙与中国时期，他在医疗和追求人类幸福事业中所做出的努力在加拿大、西班牙和中国赢得了公认。其时代性主要体现为创新精神，就白求恩个人而言本身就是创新的，就白求恩精神而言，创新性体现为不同历史时期上的创新。在社会主义市场经济时期，医务工作者通过白求恩精神与社会主义市场经济的不正之风、拜金主义等做斗争，本身就具有时代性、创新性。白求恩精神与其他革命精神相比具有其特殊性，它和雷锋精神属于个体的精神，而长征精神、抗洪精神等则属于群体的精神，再加上白求恩精神产生于战争年代，因此白求恩精神更具有代表性与独特性，是中国精神的重要组成部分，是中国精神的具体体现和一面旗帜。李忠军教

---

① 习近平.《在颁发"中国人民抗日战争胜利70周年"纪念章仪式上的讲话》, 2015-9-2.

授在讨论精神的重要作用时强调："精神孕育意识形态的情感和动力，意识形态通过铸就精神之魂凝心聚力、鼓舞斗志，创设全体社会成员的共有精神家园。"实现中国梦，必须弘扬中国精神。同样，实现健康梦，必须发扬白求恩精神。发挥精神的支撑作用，用白求恩精神铸就精神之魂，激发情感，凝心聚力，铸就和夯实当代的中国医魂。

党的十九大召开后，我国进入了中国特色社会主义新时代，在新一轮医疗卫生改革的不断深化过程中，在贯彻实施健康中国战略的过程中，我们要始终牢记为人民服务的宗旨，坚定不移地把习近平新时代中国特色社会主义思想作为指导思想，肩负新时代赋予我们的使命和责任，加强白求恩精神对我国医德医风建设的引领，号召广大医务工作者秉承"敬佑生命，救死扶伤，甘于奉献，大爱无疆"的崇高精神，积极继承和弘扬白求恩精神，彰显医者的使命与担当，尊崇高尚医德，有效推进我国医德医风建设取得显著成果，为我国卫生健康事业发展，为人民群众生命健康保驾护航做出应有的贡献。

# 第六章　白求恩精神对党风、行风、民风建设的意义研究

## 第一节　白求恩精神是共产党人的精神旗帜

　　中国共产党是马克思主义执政党，良好的作风是我们党区别于其他政党的显著标志。中国共产党成立近百年来，正是凭借风清气正的优良作风，赢得了民心，取得了革命、建设、改革的巨大成就。党的先进性与纯洁性离不开千千万万党员行为的先进与纯洁，党员干部队伍的素质与作风汇聚成党风，党风又促进政风带动民风，推动整个社会风气健康发展。白求恩同志是践行共产主义、国际主义思想的光辉典范，是为人民无私奉献的典型代表，是呕心沥血尽职尽责的先锋模范，白求恩精神是净化共产党人思想和行为的鲜明精神旗帜。

### 一、党员作风融汇成党风

　　什么是党风？党风即党的作风，体现的是政党的性质和宗旨。在马克思主义政党学说史上，党风概念的提出，经历了一个不断完善的过程。最早在党的建设上使用作风一词的是恩格斯，他指出要反对党内出现的"阿谀奉承作风"和"华而不实作风"，其实质是反对某些共产主义者所体现出来的不良工作作风。列宁继承并创新了马克思主义关于党风建设的思想，提出了克服和反对官僚主义作风、加强同人民群众的血肉联系、保持廉政建设等一系列党风建设思想。但遗

憾的是，尽管恩格斯、列宁对无产阶级政党作风建设提出了许多创造性见解，却都没有形成具有明确内涵的科学概念。

党风的概念是由毛泽东同志第一次明确提出的。1942年2月1日，毛泽东在《整顿党的作风》一文中初步界定了党风的概念，他说："反对主观主义以整顿学风，反对宗派主义以整顿党风，反对党八股以整顿文风，这就是我们的任务。""学风和文风也都是党的作风，都是党风。"①根据毛泽东对党风所做的阐释可以分析出，党风概念的内涵具有狭义和广义之分。狭义的党风特指党组织及其成员在日常工作中所表现出来的一贯作风；广义的党风则涵盖学风和文风的内涵。毛泽东同志更多的是从广义上对党风概念进行理解和运用的。1945年，在中国共产党七大报告《论联合政府》中，毛泽东进一步指出中国共产党新的工作作风是理论和实践相结合的作风，和人民群众紧密地联系在一起的作风以及自我批评的作风。②后来随着理论实践的发展，逐步形成了理论联系实际、密切联系群众、批评与自我批评、谦虚谨慎艰苦奋斗、民主集中制等优良作风，共同构成了党风的主要内容，从而使党风具有了完整而具体的内涵。

党的作风建设，关系到人民群众的支持拥护、关系到中华民族的伟大复兴、关系到国家的兴盛衰亡。中国共产党作为一个有着9000多万名党员、450多万个党组织的党，党的先进性和纯洁性是从千千万万党员的行为中体现出来的，党员干部个人行为的好坏直接影响着党的作风建设。纵观中国共产党近百年的发展史，在长期革命、建设和改革实践中，党从未忽视对党员个人行为素养的培育，多次提出要建设一支信仰坚定、思想忠诚可靠、遵守纪律、能力突出、能想事敢干事的高素质党员干部队伍。针对党员干部思想腐化、脱离群众、贪污腐败等思想行为问题，不断下大力气净化党员干部队伍。革命战争年代，全国党员人数的迅速增加，许多新加入党组织的党员由于缺乏革命实践锻炼或者没有受过系统的党组织教育，严重影响了党风建设，还有部分老党员思想止步不前，对革命的新形势认识不足，在一定程度上限制了党的队伍整体素质水平。面对这种情况，1939年7月，刘少奇在延安马列学院做《论共产党员的修养》的讲演指出："一个共产党员要有比较好的马克思列宁主义的理论修养，就必须有崇高的无产

① 毛泽东选集（第3卷）[M]. 北京：人民出版社，1991：812.

② 毛泽东选集（第3卷）[M]. 北京：人民出版社，1991：1094.

阶级的立场"①，"只有把伟大而高尚的共产主义理想和切实的实际工作、实事求是的精神统一起来，才能成为一个好的共产党员，"②这是中国共产党人第一次从党性的高度、从思想建党的角度，站在无产阶级立场上，阐述了共产党员必须树立共产主义观，加强党性锻炼和修养的必要性。

在和平年代，尤其是中华人民共和国成立后，面对一些党员干部沾染上不良习气，思想行为腐化堕落的问题，我们党采取有力措施纯洁党的风气、净化党员干部队伍。1950年5月，党中央发出指示，在全党范围内进行大规模的整风运动。1951年，开始着重解决党内思想不纯和组织不纯等问题，极大地提高了党员干部队伍的精神风貌，净化了党的风气。改革开放以后，我们党依然高度重视党的作风建设。1979年，邓小平指出："如果党的领导干部自己不严格要求自己，不遵守党纪国法，违反党的原则，闹派性，搞特殊化，走后门，铺张浪费，损公利私，不与群众同甘苦，不实行吃苦在先、享受在后，不服从组织决定，不接受群众监督，甚至对批评自己的人实行打击报复，怎么能指望他们改造社会风气呢！"③作为党员领导干部，讲政治、守规矩是底线，也是红线。在党中央的大力倡导下，党员干部着力提升个人素养、提振精神风貌、规范日常行为、锤炼优良工作作风，营造出风清气正的党风环境。

不忘初心，方得始终。初心易得，始终难守。党风建设是一项长期的、复杂的、艰巨的任务。在建设中国特色社会主义的道路上，党员干部队伍的主流始终是好的，每个共产党人在党旗下庄严宣誓之时，都坚定着为共产主义奋斗终身的理想信念。但同时也要清醒地看到，腐蚀党员和干部、败坏党的风气的顽瘴痼疾依然存在，党风建设形势依然严峻。习近平总书记说："新形势下，我们党面临着许多严峻挑战，党内存在着许多亟待解决的问题。尤其是一些党员干部中发生的贪污腐败、脱离群众、形式主义、官僚主义等问题，必须下大气力解决。"④"作风建设永远在路上，永远没有休止符，不可蜻蜓点水，不可虎头蛇尾，不可只是一阵风，否则不仅不可能从根本上解决问题，而且会导致作风问题不断反弹、愈演愈烈，最后失信于民。这方面过去有不少教训，要好好记

---

① 刘少奇. 论共产党员的修养[M]. 北京：人民出版社，1997：25.
② 刘少奇. 论共产党员的修养[M]. 北京：人民出版社，1997：42.
③ 邓小平文选（第2卷）[M]. 北京：人民出版社，1994：177—178.
④ 十八大以来重要文献选编（上）[M]. 北京：中央文献出版社，2014：81.

143

取。"①如何更好地加强党员干部队伍的作风建设，是建设新时代中国特色社会主义过程中我们必须解决的一个课题。

## 二、党风决定政风和民风

立党为公、执政为民，是党的性质和宗旨决定的，是党的作风建设的根本目的。党风即党的作风，主要指党员及党组织在各方面所表现出的行为状态。党风的对象主要是党员，着重培养党员的马克思主义信仰、共产主义和社会主义理想信念，为实现中华民族伟大复兴的中国梦而不懈奋斗。

自古以来，政风问题关系到人心向背，政权兴亡。"政"，指政治、政事，泛指有关施政的一切事务。政也通"正"，孔子在回答学生"何为政"的问题时说："政者，正也。子帅以正，孰敢不正？"②提示执政者要以身作则，起表率作用。风，指作风、风气。政风即政府作风，是一种政治现象，常指作为国家权力的执行机关——政府的风气，是国家行政机关及其工作人员在行政管理过程中所展现出来的一系列作风的总和。政风素来是人民群众评价政府的一个重要标准，政风的状况直接影响到政府与人民群众的关系。

党风和政风两者是辩证统一的关系。在我国，共产党是执政党，共产党的党风作用于政权形成了政风，党风决定政风；政风是党风在国家行政领域中的延伸和党执政过程中的直接体现，是党风的重要载体。党风和政风两者所反映的思想和价值观念是一致的，都以实现共产主义远大理想为理想信念，以全心全意为人民服务为宗旨，以实现中华民族伟大复兴的中国梦为目标，是同质同宗同源的关系。习近平总书记在十九大报告中明确指出："坚定不移全面从严治党，不断提高党的执政能力和领导水平。"③治国必先治党、治党务必从严，执政能力建设、先进性和纯洁性建设是党的建设的永恒课题。近年来，我们党对党员及党组织作风建设狠抓严整，通过一系列措施手段，严肃了党的纪律，严厉惩治了腐败行为，净化了党的风气，使党的精神面貌和政治生态焕然一新，赢得了党心民

---

① 中共中央文献研究室. 做焦裕禄式的县委书记[M]. 北京: 中央文献出版社, 2015: 62.

② 论语·颜渊篇

③ 习近平. 决胜全面建成小康社会 夺取新时代中国特色社会主义伟大胜利——在中国共产党第十九次全国代表大会上的报告[N]. 人民日报, 2017-10-18（001）.

心，为开创党和国家事业新局面提供了重要保证，为治国理政提供了行动指南。

党风和政风共同促进执政为民理念的形成。衡量党风政风是否优良，最直接的标准就是看党与人民群众的关系。毛泽东强调："人民，只有人民，才是创造世界历史的动力。"① "人民是历史的创造者，是决定党和国家前途命运的根本力量。"②任何时候都要把人民利益放在第一位，这也是马克思主义执政党的生命根基和本质要求。中国共产党执政为民理念是在传承中华民族优秀历史文化基础上，在马克思主义科学理论的指导下，结合中国的具体实际，经过几代领导人的不断实践和探索，发展形成的科学的治国理政的理论。2014年2月，习近平在俄罗斯索契接受俄罗斯电视台专访时指出："中国共产党坚持执政为民，人民对美好生活的向往就是我们的奋斗目标。我的执政理念，概括起来说就是：为人民服务，担当起该担当的责任。"③ 这深刻体现了以人为本、执政为民的根本价值理念。民惟邦本，本固邦宁。只有忠实践行以人为本、执政为民的执政理念，才能深得人心，不断巩固党的执政基础。

民风，也称民间风尚，是特定区域内的人们在生产生活实践中逐渐形成并被广泛认可的道德修养、处世态度和行为习惯，也是人们自我约束、自我管理的行为准则。民风的对象是全体社会成员，体现一国的国民品格，其状况如何至关重要。"求治之道，莫先于正风俗。"民风优良会使人民群众生活幸福，使民族屹立于世界民族之林，民风败坏则会使民族沉沦、国力衰退。当前，培育优良民风，要以社会主义核心价值观为指导，在充分挖掘中华优秀传统文化蕴含的思想观念、人文精神、道德规范的基础上，持续推进移风易俗，弘扬时代新风，着力形成勤劳致富、勤俭持家、敬老爱亲、诚信友善的价值理念和社会风尚。

党风、政风与民风紧密相连、相互影响、相互作用。风成于上，俗化于下。党风是前提，决定着政风民风，没有好的党风，就难以形成好的政风民风。习近平总书记指出："党的作风是党的形象，是观察党群干群关系、人心向背的晴雨表。党的作风正，人民的心气顺，党和人民就能同甘共苦。"④以优良党风

① 毛泽东选集 第3卷[M]. 北京：人民出版社，1991：1031.
② 习近平. 决胜全面建成小康社会 夺取新时代中国特色社会主义伟大胜利——在中国共产党第十九次全国代表大会上的报告[N]. 人民日报，2017-10-18（001）.
③ 习近平接受俄罗斯电视台专访[N]. 人民日报，2014-02-09（001）.
④ 编写组. 信仰的力量[M]. 北京：中共中央党校出版社，2016.11.

凝聚党心民心、带动政风民风，形成好的风气，是全党的共同责任。民风的发展状况与党风、政风的好坏密不可分，民风是透视党风和政风的一面镜子，是党风、政风的风向标。领导干部的作风对全党全社会有着很强的示范和导向作用，是凝聚党心民心的巨大力量，是净化政风民风的关键。党员干部要带头弘扬中华民族优秀传统，特别是传统文化中孝、悌、忠、信、礼、义、廉、耻等德行要求，带头弘扬我们党在革命和建设各个时期形成的良好作风，以此培育良好的家风。正家风，为促进党风、政风、民风，打下坚实的社会基础，从而更好地推动社会风气持续向好。

### 三、用白求恩精神促进党风建设

执政党的党风关系党的生死存亡，党的作风建设是党的建设的永恒主题，作风建设永远在路上。引导党员干部坚定共产主义远大理想和中国特色社会主义信念，建设风清气正的党风氛围，是党必须始终抓好的重大政治任务。习近平总书记指出："坚持不忘初心、继续前进，就要保持党的先进性和纯洁性，着力提高执政能力和领导水平，着力增强抵御风险和拒腐防变能力，不断把党的建设新的伟大工程向前推进。"[①]白求恩作为伟大的共产主义者，有着坚定的共产主义信念和为共产主义理想奋斗终生的执着精神，为加强党风建设提供了丰富的营养。

一方面，白求恩精神为党风建设提供了源源不断的动力。第一次世界大战期间，白求恩跟随加拿大远征军开赴欧洲战场，目睹了帝国主义战争给人类带来的重大灾难。此后十几年间，他在行医的过程中发现，当时的社会医疗制度都是为富人阶层服务的，他力图改变这种不合理的社会医疗制度，免费为穷人治疗。但最后他发现，如果不从根本上改变社会制度，人民的健康安全仍然无法得到有效保障。1935年7月，白求恩前往苏联列宁格勒参加国际生理大会。在苏联期间，他详细了解了苏联的医疗制度和保健、劳动保护与疗养体系，被这种人人都真正享有的医疗保障制度深深震撼，也直观地看到了社会主义制度的巨大优越性。白求恩认识到，在马克思关于消灭剥削和压迫等一切不公正社会制度、实现

---

① 编写组. 信仰的力量[M]. 北京: 中共中央党校出版社, 2016: 11.

全人类解放和幸福的共产主义学说指导下建立的社会主义制度，本质上与他一直以来追求实现平等的医疗保障制度是一致的。回到加拿大后，他开始与加拿大共产党组织接触，并于1935年11月秘密加入了加拿大共产党。从此，共产主义理想成为白求恩毕生坚持不懈的执着追求。无论是在战火纷飞的马德里为西班牙人民的正义事业服务，还是在晋察冀边区支援中国人民的抗日战争，白求恩都将坚定的共产主义信念融入自己的全部事业与生命。出发到中国前，他对加拿大共产党领导人巴克说："如果我回不来，你们要让世界知道白求恩是以一个共产党员的身份牺牲的。"[①]"白求恩他要向全世界宣布，自己的信仰是共产主义，自己是一名共产主义者，是一名国际共产主义战士！[②]毫不利己、专门利人的共产主义精神是白求恩精神的重要组成部分，也是实现中国梦的重要精神动力。

另一方面，白求恩精神为净化党风、提高党员素养提供了榜样。白求恩是理论联系实际的榜样。列宁指出："马克思主义的最本质的东西，马克思主义的活的灵魂：具体地分析具体的情况。"[③]白求恩作为一名坚定的共产主义者，在实际工作中，坚持贯彻实事求是、具体问题具体分析的原则，在不同的工作环境中，采取不同的医疗方法，救治大批伤员，为中国的抗战事业立下了不可磨灭的功绩。白求恩是密切联系群众的榜样。白求恩在工作中秉持全心全意地为人民服务的根本宗旨，坚持一刻也不脱离人民群众的基本方针。"在晋察冀，不管白求恩走到哪里，在任何一个小的诊所里，他都会治疗受伤的士兵，也会救助当地老百姓。老百姓们有什么病，总是想办法来找他。"[④]"白求恩关爱百姓，每到驻地疗养所，就走东家串西家地为伤员百姓看病，有时，白求恩走在路上，发现百姓受了伤，来不及细问，直接就会为百姓免费疗伤、送药。面对村民拿来鸡蛋、核桃等特产的答谢，白求恩坚决不收，在白求恩看来，军民是一家，为百姓治病是应该的。"[⑤]白求恩是批评与自我批评的榜样。批评与自我批评就是运用批评与自我批评的方法，正确处理矛盾、克服缺点、纠正错误。白求恩在日常工作中一旦发现医务人员工作态度不认真、医疗技术不过关，都会进行严厉的批评，帮

① 马国庆. 白求恩援华抗战的674个日夜[M]. 北京：人民文学出版社，2015：14.

② 何金艳. 白求恩精神及其时代价值研究[D]. 吉林大学，2019.

③ 列宁选集 第4卷[M]. 北京：人民出版社，2012：290.

④ 斯图尔特口述，张军锋、吕伟利整理. 白求恩：中国人熟悉的"陌生人". 百年潮，2018（8）.

⑤ 何金艳. 白求恩精神及其时代价值研究[D]. 吉林大学，2019.

助医护人员及时改正。而且他对于自己的错误也从不掩饰，总是检讨自己的行为，不断完善自己。在1936年5月，白求恩写了一篇自我批评文章：《我在胸外科手术中犯过的25个错误》，为其他外科医生避免犯类似的错误提供经验。

白求恩精神是宝贵的精神财富，激励了一代又一代中国共产党人不懈奋斗。在新时代，应当继续学习和弘扬白求恩精神，以更好地促进党风建设。

不忘初心，培育信仰之魂。崇高的信仰，坚定的信念，是共产党人的政治灵魂。坚定共产主义理想信念、为实现共产主义事业奋斗终身是中国共产党人的信仰，为中国人民谋幸福、为中华民族谋复兴是中国共产党人的初心与使命。习近平总书记指出："我们党从成立起就把为共产主义、社会主义而奋斗确定为自己的纲领，坚定共产主义远大理想和中国特色社会主义共同理想，不断把为崇高理想奋斗的伟大实践推向前进。"[1]白求恩坚定地信仰共产主义，并为共产主义这个伟大信仰斗争到了生命的最后一刻，为新时代培育广大党员及人民群众的共产主义信仰提供了光辉榜样。应当说，以习近平新时代中国特色社会主义思想为指导，着力提高党性修养、坚定理想信念，这也是学习和弘扬白求恩精神的主要目的。因此，要广泛弘扬白求恩事迹，深入研究、学习宣传白求恩精神，引导党员及人民群众牢固树立共产主义信仰，沿着中国特色社会主义道路阔步前行。

不忘初心，补足信仰之钙。习近平总书记指出："对马克思主义的信仰，对社会主义和共产主义的信念，是共产党人的政治灵魂，是共产党人经受住任何考验的精神支柱。形象地说，理想信念就是共产党人精神上的'钙'，没有理想信念，理想信念不坚定，精神上就会'缺钙'，就会得'软骨病'。"[2]"白求恩精神所体现出的共产主义精神就是当今共产党人的精神之'钙'。持之以恒抓作风，坚定不移反腐败始终是我们党坚持不懈的工作。目前党内存在的各种腐败现象，究其根源，主要是由于违法乱纪官员共产主义信仰缺失，为人民服务意识淡薄。学习白求恩精神，补足白求恩精神信仰之钙，是解决党风廉政建设和反腐败斗争的重要途径之一。白求恩杜绝一切形式主义、官僚主义、享乐主义的作风。在晋察冀边区时，聂荣臻担心白求恩不适应战区的艰苦环境，身体吃不消，特意指示部下要把白求恩照顾好，特供给白求恩白面、肉品等食物，但是白求恩

① 中共中央出版社编写组. 信仰的力量[M]. 北京: 中共中央党校, 2016: 5.
② 十八大以来重要文献选编（上）[M]. 北京: 中央文献出版社, 2014: 80.

坚决拒绝组织上对他的特殊照顾，不搞特殊化，要求大家把他当作一名普通的八路军战士，与大家同吃同住。每次白求恩一抵达医院驻地，顾不上片刻的休息，第一件事就是去查看伤病员的情况，为伤员安排手术。对于一些医生、护士的形式主义、官僚主义作风，对伤病员敷衍了事，工作中不积极主动、不负责任的工作态度，白求恩一经发现就会进行严厉批评教育，敦促大家改正工作作风，树立对伤病员极端负责的精神。白求恩精神体现出的理想和信仰，是共产党员应该奋不顾身去拼搏、去奋斗、去牺牲的信仰追求，而这也正是腐败官员所丢失的"钙"。我们要大力弘扬白求恩精神，推动广大党员干部补足共产主义信仰之钙，把最广大的人民群众的根本利益作为最高的标准，始终坚持全心全意为人民服务的宗旨，毫不利己，专门利人，生命不息，奉献不止，以作风建设的实际成效取信于民。

不忘初心，牢记使命。邓小平指出："我们干的是社会主义事业，最终目的是实现共产主义。这一点，我希望宣传方面任何时候都不要忽略。"[①] 习近平总书记也指出："理想因其远大而为理想，信念因其执着而为信念。"[②] "合抱之木，生于毫末；九层之台，起于垒土；千里之行，始于足下"。再宏大的理想，如果没有脚踏实地的积累，也不会实现；再崇高的信仰，如果没有不懈的努力，也只能是一句空谈。弘扬白求恩精神，最关键的是要像白求恩那样，坚定共产主义理想信念，矢志不移践行共产主义信仰，落实到各项具体工作中，体现到生活的方方面面。要学习白求恩全心全意为人民服务的高尚品格，"对工作的极端的负责任，对同志对人民的极端的热忱"，把"毫不利己，专门利人"，作为自己毕生的追求，把人民利益放在第一位，把实现好、维护好、发展好最广大人民根本利益作为一切工作的出发点和落脚点；要学习白求恩"对技术精益求精"的精神，干一行、爱一行、钻一行、精一行，努力破解工作中的每一个难题；要学习白求恩默默耕耘、无私奉献的高尚情操，立足本职岗位，履职尽责，扎扎实实地做好每一项工作，努力在平凡的岗位上做出不平凡的业绩；要学习严守医德、公而忘私的自律精神，慎独慎微，经常审视自己的言行，切实加强党性修养，陶冶道德情操，树立良好作风，永葆共产党人政治本色。

---

① 邓小平文选 第3卷[M]. 北京：人民出版社，1993：110.

② 中共中央党校编写组. 信仰的力量[M]. 北京：中共中央党校，2016：6.

白求恩精神是坚定共产主义信仰的一面永不褪色的光辉旗帜，是中华民族之魂的组成部分，为党风建设提供正确的政治方向和坚实的思想基础。我们要大力弘扬白求恩精神，激发广大党员特别是党员干部更好地传承党的优秀传统，认真践行白求恩精神，努力成为一个高尚的人、纯粹的人、有道德的人，一个有益于社会的人，为决胜全面建成小康社会、夺取新时代中国特色社会主义伟大胜利、实现中华民族伟大复兴的中国梦奋斗终生。

## 第二节　白求恩精神是行业人的职业楷模

不忘初心，牢记使命，是党的十九大报告论述十九大主题开头的八个字，是中国共产党的承诺与担当，是推动全党为实现新时代党的历史使命不懈奋斗的根本动力。实现全人类的自由而全面发展是白求恩的初心，拯救那些在法西斯无情炮火下、在硝烟弥漫的战场上受伤的士兵是白求恩身为医生的使命。毛泽东同志号召全党全军向白求恩同志学习，白求恩的一桩桩一件件事迹被中国人民世代相传、永远铭记，白求恩精神成为激励各行各业的人们忠于职守、爱岗敬业、奉献社会的宝贵精神财富。如今，无论是在医疗行业还是在军队、党政机关、工厂、学校等其他行业，白求恩精神已经成为各行各业的职业风范和精神动力，在行风建设中发挥着重要的指引作用。

### 一、行业精神是行业发展动力

行业是对国民经济中组织结构体系的划分。行业精神是一个行业在工作实践中形成的一种群体意识，通常指在某一行业中逐步形成的较为普遍的做法和精神风貌，是行业工作人员对行业追求的集中表现形态，其外在表现为职业道德与职业精神，体现为这一行业的整体性特征。行业精神是各行各业作风的真实写照，是一个行业的灵魂，是行业向前发展的不竭动力，也是一个行业永葆生机的源泉，代表着行业发展的整体趋向，不断促进社会的进步与发展。如果没有行业精神，行业的发展就会举步维艰，甚至倒退。伟大的事业需要伟大的精神，伟大

的精神铸就伟大的事业。当今世界，行业的发展日新月异，行业间的竞争不断加剧，行业精神已成为行业发展的主旋律。从行业精神的内容来看，创新精神、艰苦奋斗精神、敬业奉献精神、工匠精神等已成为行业发展的主要精神追求。

创新精神是行业的核心竞争力，是行业保持活力、继续前进的保鲜剂与不竭动力。一个行业要获得发展，创新是关键。在行业发展过程中，创新精神能够使从业者拥有锐意进取的精神面貌，以饱满、奋发向上的精神状态投入到工作过程中，将勇于探索的工作态度融入行业发展过程的点点滴滴，以敢为人先的气概、崇尚创新的气魄，时刻响应行业号召，干劲十足，寻求优势，追求卓越，发展行业先进文化，冲破妨碍行业发展的旧理念，使创新成为行业发展的永恒主题。事物是不断发展进步的，经过改革开放40多年的磨砺，我国各行各业的发展取得了巨大成就，新的行业模式也在不断出现，但随着时代的发展，挑战也同时出现，各行业中以前惯有的许多机制、模式和方法已不能适应现今的时代进步要求。面对新时代的新要求、新挑战，各行各业必须紧跟时代步伐，大胆开拓，树立创新意识，以创新思维不断发掘新思路、研究新技术、提出新方法、进行新创造、开拓新模式，改进行业状态，破解行业难题，促进行业发展进步。

艰苦奋斗精神是行业发展的血脉，是中华民族传承千年的优良传统。中华民族的发展史就是一部艰苦创业史，中国古代就有"日出而作，日落而息"的生活方式和大禹治水、愚公移山、悬梁刺股、卧薪尝胆、闻鸡起舞、凿壁偷光、牛角挂书、韦编三绝等体现艰苦奋斗精神的故事，民主革命时期有抗日精神、井冈山精神、长征精神、延安精神、西柏坡精神，社会主义建设时期有"两弹一星"精神、大庆精神、铁人精神、抗洪精神、抗击非典精神、载人航天精神、抗震精神等。邓小平曾说："我们的国家越发展，越要抓艰苦创业。"[1]习近平总书记指出："中华民族伟大复兴，绝不是轻轻松松、敲锣打鼓就能实现的，我们必须准备付出更为艰巨、更为艰苦的努力。"[2]在庆祝改革开放40周年大会上的讲话中，习近平总书记指出："40年来取得的成就不是天上掉下来的，更不是别人恩赐施舍的，而是全党全国各族人民用勤劳、智慧、勇气干出来的！"[3]从雷锋、焦裕禄、孟泰、王进喜，到张海迪、徐虎、孔繁森，再到杨善洲、李保国、罗阳

①　邓小平文选（第3卷）[M]. 北京：人民出版社，1993：306.

②　习近平. 在北京大学师生座谈会上的讲话[N]. 人民日报，2018-05-03（002）.

③　习近平. 在庆祝改革开放40周年大会上的讲话[N]. 人民日报，2018-12-19（002）.

等各行各业的先进典型，他们的精神和事迹影响带动着全国各族人民，成为全国人民学习的楷模。今天，各行各业的发展进步要求我们把艰苦奋斗的精神一代一代传承下去，激励一代代中国人为发展中国特色社会主义事业艰苦创业、奋斗不息。

敬业奉献精神是中华民族的传统美德，是一种一心一意投入职业理想的坚定品行。敬业奉献体现的是以认真严肃的态度对待自己的工作，勤勤恳恳、兢兢业业忠于自己的工作，在普通的岗位发光发热，抛弃个人利益，甚至牺牲生命的行为。敬业奉献精神作为行业精神的主动力和基本道德要求，是行业发展的重要助推力。孔子云："执事敬"。无论从事何种行业，都要忠于自己的职位，奉献自己的全部力量。大禹治水"三过家门而不入"，舍小家为大家，铸就无私奉献的治水精神；蜀汉丞相诸葛亮，为国尽忠效力，"鞠躬尽瘁，死而后已"，留下千古传奇佳话。习近平总书记指出："追梦需要激情和理想，圆梦需要奋斗和奉献。"[①]在中华民族追逐梦想的过程中，需要各行各业发扬敬业奉献精神，以行业的进步助力中国梦的实现。时代楷模黄大年，放弃国外优越的物质生活条件，怀着一腔爱国之情返回祖国。回国7年间，他带领科研团队只争朝夕、顽强拼搏，在航空地球物理领域填补中国多项技术空白，使我国的深部探测能力达到国际领先水平。黄大年心有大我、至诚报国的爱国情怀，教书育人、敢为人先的敬业精神和淡泊名利、甘于奉献的高尚情操，引领广大党员、干部胸怀理想、坚定信念，开拓进取、敬业奉献，在实现中国梦的新征程上奋力前行。

工匠精神是一种对工作精益求精的理念，以严谨专注的态度持之以恒、坚持不懈地对待本职工作，是行业发展所必备的精神特质。《诗经》有言："如切如磋，如琢如磨。"工匠精神最早出现于手工业，强调手工业者数十年如一日，一丝不苟地严格对待每个产品的质量，精雕细琢，力求打造最优质的工艺产品。经过各行各业的不断壮大发展，工匠精神已经超越手工业的行业界限，成为社会各行各业普遍追求的行业精神。2014年，李克强总理在中国质量大会上提出"质量时代"的理念，指出经济发展要紧紧依靠提高产品和服务质量，使得工匠精神成为行业发展的必然要求。各行各业要积极响应新时代的呼唤，倡导以纯粹至极的匠心精神引领行业的发展，铸造行业精神的最高品质，用匠心守住行业本心，

---

① 习近平. 在北京大学师生座谈会上的讲话[N]. 人民日报, 2018-05-03（002）.

不忘初心，将工匠精神融入各行业从业者的血脉中，成为从业者的职业价值取向。要以技艺为骨，匠心为魂，推动行业精神革命，实现行业科技的创新、技术的进步、理念的发展，铸就与时俱进的行业精神。

创新精神、艰苦奋斗精神、敬业奉献精神、工匠精神等共同构成行业精神，成为推动行业不断向前发展的源源不绝动力。时代在发展、社会在进步、行业在丰富，要求我们必须将行业精神融入骨血，安心定志，恪尽职守，真正体现"敬业"这一公民道德层面的价值观。

## 二、医学行业精神促进医学进步

医学行业精神是医学发展过程中由医务工作者共同形成的职业操守和价值追求。医学行业的服务对象是人。它要求医务工作者不仅要具备精湛的技术，更需要具备高尚的道德情操、富有爱心的人文精神。对医疗卫生事业的一份浓郁情感与强烈责任感，在行医过程中秉持治病救人的责任与使命，以此形成优良的医学行业精神与坚定的医学职业信念。这既是医务工作者在医疗实践中所体现出的精神风貌、职业理念、职业情感、职业准则、职业风尚，也是一种理想信念、价值追求、道德风尚和精神力量，成为医学行业普遍认同的核心价值理念，不断推动医疗卫生行业发展。

人类对医学从业者职业道德的关注从原始医学的产生到现代医学行业的形成，虽经过了漫长的岁月，但从未止步。古有"神农尝百草之滋味，水泉之甘苦，令民知所避就。一日遇七十毒。和药济人。"[1] 表现出在人类与大自然抗争的过程中，古代医师为了人民的健康，不顾自身安危，形成了不怕牺牲的高尚道德精神，也为现代医学发展积累下丰富的医药常识和医疗经验。晋朝杨泉说："夫医者，非仁爱之士，不可托也；非聪明理达，不可任也；非廉洁淳良，不可信也。"[2] 阐明了大公无私的仁爱之心、救济天下的博爱之怀是古代医者成为必备的首要条件，聪明伶俐的头脑、知书达理的性情是医者自身发展的内在动力，除此之外，廉洁自律的医学作风、淳朴善良的医学道德是医者获得病人信任的内

---

[1] 汉·刘安. 淮南子·修务训.

[2] 罗国杰. 中国传统道德[M]. 北京: 中国人民大学出版社, 1995: 101.

在基础。隋唐时期名医孙思邈在《备急千金要方·大医精诚》中指出："故学者须博及医源，精勤不倦，不得道听途说，而言医道已了，深自误哉。"①强调了对于医学的探寻要追本溯源，知其然，还要知其所以然，脚踏实地、兢兢业业做好医生的本职工作，以病人为本，树立全心全意为病人服务的诊治理念。明代李时珍提出："医之为道，若子用之以卫生，而推之以济世，故称仁术。"医术为仁术，仁者爱人，医疗技术是体现爱人之心的技术。它用之于个体身上可以保护人的生命，用之于社会可以利民济世。因此，医家要特别珍视这一职业，德术俱优、医者仁心、悬壶济世、普济众生，才能不玷污这一仁术名声。古代医学行业正是在医学工作者追求良好的医德、丰富的医学知识、精湛的医学技术基础上形成的，并不断推动全社会医学行业的进步。

古希腊伯里克利时代的医师希波克拉底的医学著作——《希波克拉底文集》中的"我要按照我的能力和判断，为了患者的利益，运用一切饮食措施；我要使饮食措施不会伤人和陷于不义。如果人家想要毒人的药物，我绝不给予任何人，我也绝不对这种效应提出建议。"②阐明了掌握医学技术的前提主要是加强医生对医德的修养，即培养医生的职业道德。19世纪美国结核病专家爱德华·特鲁多医生将"有时，去治愈；常常，去帮助；总是，去安慰"刻到了他的墓碑上，也成为许多医生的座右铭。这段墓志铭之所以至今仍是医务工作者所信奉的真理，就在于它表达了真谛，闪烁着人性光辉。因此，医生的价值观念、职业精神决定着他的医疗态度和方式方法，影响着医学行业精神的发展方向，在医学实践中不可或缺。

进入20世纪特别是21世纪，自然科学与技术的进步加速了医学的发展，重大医学成果层出不穷，为医学实现服务人类健康和幸福的目的提供了坚实基础。"敬佑生命、救死扶伤、甘于奉献、大爱无疆"的崇高精神是习近平总书记对广大医务工作者的高度概括，是对广大医务工作者工作的充分肯定，亦是推动医疗卫生事业进一步发展的强大精神动力。医务人员必须具有崇高的信仰，有至精仁术之心，弘扬医学行业精神，捍卫行医底线，引领行业态度，提升社会责任感，全心全意为人民服务，照亮生命之光，续写新的生命篇章，为

① 孙思邈. 大医精诚.

② 希波克拉底. 希波克拉底誓言[J]. 中国新闻周刊, 2000 (8)：91.

促进医学行业的进步勇于探索、勇于思考、勇于创新，为实现健康中国的宏伟目标做出新贡献。

## 三、白求恩精神示范职业操守

白求恩同志作为一名伟大的国际主义战士，不远万里来到中国，支援中国人民的抗战事业。在华期间，他全心全意为人民服务，对工作认真负责，对技术精益求精，完美地展现出了中国社会各行业所需要的良好的作风，用精湛的医疗技术挽救了一大批中国伤病员的生命。白求恩精神是毛泽东同志对白求恩生平事迹的总结与凝练，与中国社会发展情况相契合，符合中国人民的内心需求。白求恩是医疗行业的道德楷模，白求恩精神为医疗行业确立了道德标杆，对于加强医德医风建设提供了诸多借鉴。

1.医者白求恩——培育高尚的医学医德

医德是一种职业道德，是一般社会道德在医疗卫生领域中的特殊表现。孙思邈曾说"凡大医治病，必当安神定志，无欲无求，先发大慈恻隐之心，誓愿普救含灵之苦。若有疾厄来求救者，不得问其贵贱贫富，长幼妍蚩，怨亲善友，华夷愚智，普同一等，皆如至亲之想，"[1]完美地体现了中国传统医德要求。医德作为衡量医生的一把天尺，是每个医务工作者必备的起码道德，良好的医德不但是社会进步的重要表现，同时也是提高医疗质量的重要保障。

白求恩曾说："让我们给医疗道德下个定义——不是作为医生之间职业上的一个陈规陋习，而是医学和人民之间的基本道德和正义准则。"[2]白求恩同志作为一名伟大的国际主义援华医生，用热血与生命勾勒出医者的鲜活灵魂即医德，"白求恩是一个严谨细致、极端负责的医生，从踏上中国土地的第一天起，他就用这种精神引导中国医生。"[3]白求恩精神作为铸造医者灵魂的重要力量之源，其毫不利己、专门利人的高尚医德是医德医风教育的重要内容，激励广大医务工作者将为患者无私奉献的精神融进日常工作中。如今，白求恩精神已成为医学卫生领域的一种职业道德，是重塑新时期和谐医患关系以及和谐社会关系的重

---

① 唐·孙思邈. 千金要方·大医精诚.

② 张雁灵、戴旭光. 白求恩[M]北京: 军事科学出版社, 2003: 49.

③ 马国庆. 白求恩援华抗战的674个日夜[M]. 北京: 人民文学出版社, 2015: 146.

要标杆。要坚定以白求恩精神信仰为基点，将白求恩精神融于医者灵魂，培育医者高尚的医学品德，赋予白求恩精神鲜明的时代价值，使广大医务人员明确认识到他们是中国近14亿人"生命之树的守护者"，是广大人民群众的"健康使者"，让白求恩精神在新时期继续发扬光大。

2.学者白求恩——构建严谨的医学学风

1941年5月，毛泽东同志在延安高级干部会议上做《改造我们的学习》的报告，提出要整顿学风，树立马克思列宁主义的学风，用马克思列宁主义的立场、观点和方法，研究和解决中国革命的理论问题和策略问题。2016年5月19日，在哲学社会科学工作座谈会上，习近平总书记进一步就形成优良学风等重大问题，提出明确要求，指出"必须解决好学风问题"。严谨的医学学者作风，将为医务工作者打下坚实的医学基础。作为一名优秀的医学学者，白求恩曾说："科学知识之博大，已经使任何个人在实际上不可能掌握全部医学知识。"①尽管无法掌握人类全部的医学知识，但是白求恩尽毕生所能渴求科学知识，不断追求精湛的医疗技术，将追求真理知识视为自己的一大紧迫任务。第一次世界大战结束后，已过而立之年的白求恩只身来到英国伦敦，学习英国乃至整个欧洲的先进医学技术，以此巩固自己的医学学科基础，提高自己的医学水平，终于使自己成为一名优秀的外科医生。苏联教育家苏霍姆林斯基曾说："在我们这个时代，没有良好的教养，没有牢固的知识，没有丰富的智力素养和多方面的智力兴趣，要把一个人提高到道德尊严的高度是不可思议的。"②白求恩这种对于真知的不懈追求，是医学学风建设中至关重要的一环。要以白求恩为榜样，引导医务人员在学习的过程中，端正严谨的学习态度，不畏艰辛与困苦，不怕坎坷荆棘，坚持勇往直前，直到掌握所求的知识与技能。

3.师者白求恩——推崇优良的医学教风

教风是教学风气与教师风范的综合表现，推崇优良的医学教风，需要提升医学教师的职业道德水平与专业技术水平。唐代韩愈在《师说》中有云：师者，所以传道授业解惑也。为人师者，不仅自身要具有扎实的学科基础，还要尽心尽力将知识传授给学生，为学生答疑解惑。白求恩在医学教学过程中，将理论与实

---

① 张雁灵，戴旭光.白求恩[M].北京：军事科学出版社，2003：40.
② 沈壮海.思想政治教育有效性研究[M].武汉：武汉大学出版社，2001：127.

践相结合、学习医学知识和手术实践操作齐头并进，有时直到深夜，其他人都去休息了，白求恩还在昏暗的油灯下为学员们整理教学资料。对于晋察冀根据地的医护人员来说，白求恩不但是诲人不倦的良师益友，无私地传授给他们渊博的医学知识与精湛的医学技术，更是引导医护人员树立优良思想品行的思想教育者。在八路军医院工作的日籍女护士高比良、小石正穗以白求恩为榜样，她们说："是白求恩让我们懂得，一个医生如果没有人道精神，就会变成魔鬼。白求恩是我们弃恶从善的导师。"①白求恩作为伟大的国际主义战士、坚定的共产主义者，在医疗实践中树立的敬业乐教、无私奉献的高尚情操，与当今时代所倡导的教书育人、立德树人的良好风尚是一脉相承的。白求恩不求回报将自身的全部情感投入到中国反法西斯战场、中国医疗卫生事业建设、中国伤病员身上，深深教育了中国医护人员。"当把情感从德育中抽离出来，只剩下干巴巴的道德规范知识传授的时候，德育就丧失了它的魅力。"②白求恩正是通过春风化雨般的传道授业方式，通过对伤病员无微不至的关心照顾，对工作极端负责、对人民极端热情的精神，潜移默化影响教育着同事与学生，无形中为大家上了重要的一课，为当时中国医疗事业的进步立下了不可磨灭的功劳。

4.使者白求恩——践行大爱的医学精神

大爱无疆是医疗行业的精神力量，是医学职业中的道德信仰，赋予这个职业以更多的人本精神、人性温度和道德诉求，要求医生践行生命没有疆界的职业操守。古今中外的医学大家，无不是急病人之所急，痛病人之所痛，一切从病人出发，一切以病人为中心。白求恩在中国人民处在历史危难的紧急关头，怀着强烈的事业心、责任感和国际主义、人道主义信念，奔赴炮火纷飞的中国抗日战场，为中国人民的解放事业和中华民族的独立奉献出了自己的鲜血乃至生命。在晋察冀的一次战斗中，白求恩曾经连续69个小时为115名伤员做手术。并且有一次，白求恩把自己的鲜血输给了中国战士，保住伤员的生命，他称自己是万能输血者。白求恩的这种无私奉献的崇高精神，是他作为一名医者对大爱无疆的医学精神执着追求的集中反映。白求恩是医学精神的大使，白求恩精神属于他的祖国，也属于中国、属于全世界。2016年8月19日，习近平总书记在全国卫生与健

---

① 马国庆.白求恩援华抗战的674个日夜[M].北京：人民文学出版社，2015：323.

② 朱小蔓.道德教育论丛（第1卷）[M].江苏：南京师范大学出版社，2002：20.

康大会上，高度赞扬广大卫生与健康工作者"敬佑生命、救死扶伤、甘于奉献、大爱无疆"的崇高精神。2018年8月19日，首个"中国医师节"到来之际，习近平总书记作出重要指示，充分肯定广大医务人员全心全意为人民健康服务的重要贡献，号召广大医务人员为增进人民健康做出新贡献、为健康中国建设谱写新篇章。广大医务人员要认真落实习近平总书记的重要讲话和指示精神，传承、弘扬白求恩精神，内化于心、外现于行，用一点一滴的行动坚守医者仁心，以对生命的敬畏之心，以炽热的关怀和友爱，护佑人民的健康。

## 第三节　白求恩精神是普通人努力的方向和标杆

毛泽东同志指出，白求恩精神是"国际主义的精神""共产主义的精神""毫不利己专门利人的精神""对工作极端的负责任、对人民极端的热忱、对技术精益求精的精神"。白求恩精神深刻影响了几代中国人的人生追求和价值取向，激励着中国人民为反对内外敌人，争取民族独立和人民自由幸福，英勇无畏，不怕牺牲、奋勇直前。在新时代，白求恩精神与社会主义核心价值观高度契合，为培育全体公民的精神品质与道德行为指引了方向、提供了借鉴。

### 一、公民道德助推社会新风尚

伟大的时代需要伟大的精神，伟大的精神成就伟大的时代。一个民族、一个国家、一个社会要想获得进步发展，离不开优秀精神的推动。在党的十九大报告中，习近平总书记指出"要更好构筑中国精神、中国价值、中国力量，为人民提供精神指引。"[1]只有中华民族万众一心、众志成城，形成强大的精神内聚力，我们的民族才会永远充满希望。

道德作为"一种以价值认识和实践为基本内涵的实践精神"[2]，是"以善恶

---

① 习近平. 决胜全面建成小康社会 夺取新时代中国特色社会主义伟大胜利——在中国共产党第十九次全国代表大会上的报告[N]. 人民日报, 2017-10-18（001）.

② 吴灿新. 当代中国道德建设论纲[M]. 北京: 中国社会科学出版社, 2009: 31.

为评价标准，依靠人们的内心信念、传统习惯和社会舆论所维系，是调整人与人之间以及个人与集体、国家、社会、自然之间行为规范的总和。"①道德建设是社会文化建设的重要组成部分，一个社会的和谐程度很大程度上取决于社会公民的道德素养高低。公民道德作为一种社会意识形态，通过将社会规范内化，调整社会公民关系，塑造理想社会人格，培育共同理想信念，打造社会价值导向，引领公民规范自己的言行，助推社会形成新风尚。社会的发展和历史的进步，不仅需要强大的物质力量，还需要汇聚道德力量，营造风清气正的社会风气。在不同的历史条件下，按照社会历史发展所处的不同阶段，产生了不同的道德标准，推动形成不同的社会风尚。中国古代将"修身"作为齐家、治国、平天下的前提条件，以"三纲"为基本道德原则，将"仁、义、礼、智、信"视为传统道德规范，主张"以德治国"的道德追求，形成了公忠正义、仁爱慈孝、廉洁勤俭等传统社会道德观念，产生了崇尚气节、重视情操、追求礼仪、励志报国的社会风尚，传承千载而不衰，至今仍有借鉴意义。

新中国成立后，公民道德在继承革命时期道德建设成果的基础上获得进一步发展，洗涤了旧社会不良社会风气，形成积极向上的健康社会新风尚。1949年9月，将"爱祖国、爱人民、爱劳动、爱科学、爱护公共财物"作为全体国民的公德要求，明确概括了新中国建设初期的社会主义公民道德规范。进入20世纪50年代后期到70年代中期，特别是在"文化大革命"时期，是公民道德建设的曲折前进时期，在"左"的思想和"四人帮"的歪曲下，崇高的道德理想被亵渎演变成苍白的道德幌子，社会主义道德规范变成空洞的道德说教，社会公民道德观念偏差、道德行为失范，"以阶级斗争为纲"的口号，在社会上形成了大规模的群众阶级斗争，严重扰乱了社会风气建设。正如邓小平指出："风气如果坏下去，经济搞成功又有什么意义？会在另一方面变质，反过来影响整个经济变质，发展下去会形成贪污、盗窃、贿赂横行的世界。"②历史证明，公民的道德素养与良好的社会风尚直接相关，是国家乃至全民族可持续发展的动力。

公民道德水平的提高与社会的发展进步是同步进行的。改革开放以来，党和国家高度重视社会主义精神文明建设，摒弃了教条主义和"左"的思想束缚，

---

①　李泽泉. 中国特色社会主义道德建设思想[M]. 北京：人民出版社，2010：1.

②　邓小平文选（第3卷）[M]. 北京：人民出版社，1993：154.

推动全民族思想道德素质不断提高，社会新道德、新风尚逐步形成。1980年1月，邓小平指出："我们一定要在全党和全国范围内有领导、有计划地大力倡导社会主义道德风尚，热爱社会主义祖国，提高民族自尊心，还要进行坚持社会主义道路、反对资本主义腐蚀的革命品质教育。"①邓小平最早提出"四有"新人的培养目标，倡导以为人民服务为中心、以集体主义为基本原则的社会公民道德规范，把"两手抓"作为社会建设的战略举措，将"爱祖国、爱人民、爱劳动、爱科学、爱社会主义"作为社会公民道德建设的基本要求，构筑公民道德新典范，构造社会主义新风尚。随着公民道德建设体系逐步完善，社会道德风尚建设取得显著效果。2001年，中共中央印发《公民道德建设实施纲要》，在吸收古今中外一切优秀道德成果的基础上，提出在全社会倡导"爱国守法、明礼诚信、团结友善、勤俭自强、敬业奉献"的基本道德规范，这是中华人民共和国成立以来颁发的第一个关于公民道德建设的纲领性文件。以此为契机，公民道德建设获得不断深化与拓展，全民族思想道德素质进一步提高，对形成追求高尚品行、弘扬真善美、传播正能量良好社会新风尚产生了积极的促进作用。2006年3月，胡锦涛同志提出了以"八荣八耻"为主要内容的社会主义荣辱观，深化了党和国家对公民道德的基本要求，更加明确了建设社会主义和谐社会公民的价值取向。在社会主义市场经济发展过程中，面对部分人出现的自私自利、唯利是图、损公肥私等不良社会风气，着力培养有理想、有道德、有文化、有纪律的公民，通过不断提高全民族的思想道德素质和科学文化素质，为改革开放和社会主义现代化建设提供强大精神动力和智力支持、营造良好舆论氛围。

人民有信仰，国家有力量，民族有希望。党的十八大以来，党和国家把加强公民道德建设放到重要位置，作为推动经济社会发展的一项基础性战略性长期性工程，持续推进社会公德、职业道德、家庭美德和个人品德建设，引导全体社会成员形成知道德、讲道德、守道德、行道德的行为，在全社会营造崇德向善、见贤思齐、德行天下的浓厚氛围，推动形成知荣辱、讲正气、做奉献、促和谐的社会风尚。以社会主义核心价值观作为公民道德建设的灵魂，注重教育引导、实践养成、制度保障，推动社会主义核心价值观融入广大群众的工作生活实践，融入群众性精神文明创建活动，融入法治建设，使社会主义核心价值观成为人们日

---

常工作生活的基本遵循。以典型示范引领作为公民道德建设的有效途径，组织开展身边好人、感动人物、最美人物、道德模范、时代楷模等评选发布活动，深化理想信念教育，大力营造树好人、学好人、做好人的良好社会氛围，让人们崇德向善、见贤思齐。以家庭、学校、社区等末端作为公民道德建设的实现路径，修订完善市民公约、社区公约、村规民约、学生守则等行为准则，从家庭、娃娃抓起，从学校、社区抓起，培育文明乡风、良好家风、淳朴民风，激励人们向上向善、孝老爱亲，忠于祖国、忠于人民。

## 二、核心价值观规范公民道德

核心价值观是在一个民族、国家、社会意识形态范畴中起主导作用的价值取向，集中表现着人们的理想、信念、信仰、追求等价值形态，反映着人们对真善美、假恶丑等道德观念的基本判别，制约公民道德的发展方向。社会主义核心价值观作为我国的意识形态与精神力量，是在继承和发扬中华优秀传统文化、植根于改革开放的成功实践，对马克思主义价值理论的丰富和发展，反映全国各族人民共同的精神追求等多重要素基础上形成的。社会主义核心价值观反映了社会主义社会发展的客观规律，集中体现了当代中国精神的核心内涵，符合中国社会发展的长远需求，巩固了全党全国各族人民团结奋斗的共同思想道德基础。

党的十八大报告从国家、社会、个人三个层面，凝练和概括了24个字的社会主义核心价值观。其中，个人层面的"爱国、敬业、诚信、友善"的价值取向也是公民的基本道德要求。党的十九大指出要"发挥社会主义核心价值观对国民教育、精神文明创建、精神文化产品创作生产传播的引领作用，把社会主义核心价值观融入社会发展各方面，转化为人们的情感认同和行为习惯。"[①]社会主义核心价值观作为对全体社会成员行为规范的具体要求，表达了社会发展对公民道德素养的基本要求，是引领公民道德教育的灵魂和构建思想上层建筑的力量之源。

爱国是个人对自己祖国的一种深厚情感，是公民的一项基本义务和美德。

---

① 习近平. 决胜全面建成小康社会 夺取新时代中国特色社会主义伟大胜利——在中国共产党第十九次全国代表大会上的报告[N]. 人民日报, 2017-10-18（001）.

孙中山先生说："做人最大的事情，是什么呢？就是要知道怎样爱国"。习近平总书记指出："对每一个中国人来说，爱国是本分，也是职责，是心之所系、情之所归。"①中华民族是一个有着悠久爱国传统的民族，之所以能够在五千载的历史长河中，创造灿烂辉煌的华夏文明，历经百年屈辱实现民族独立，在奔赴实现中华民族伟大复兴的道路上奋勇前进，主要根源在于中华民族具有强烈的爱国主义情感。爱国主义有着鲜明的时代性特征，实现中华民族伟大复兴的中国梦，是当代中国爱国主义的鲜明主题。"爱国，不能停留在口号上，而是要把自己的理想同祖国的前途、把自己的人生同民族的命运紧密联系在一起，扎根人民，奉献国家。"②每一位中华儿女都要以振兴中华为己任，热爱祖国的大好河山、历史文化、优良传统与建设大业，积极投身于中国特色社会主义伟大事业，树立强烈的民族自尊心与自豪感，促进民族团结，自觉维护国家利益与祖国统一，践行报国之志，把热爱祖国、忠诚祖国体现在具体实际行动中，做贾谊书中"国而忘家，公而忘私"的仁人志士，做岳飞心中"以身许国，何事不敢为"的爱国勇士，做顾炎武笔下"天下兴亡，匹夫有责"的报国之士，心怀爱国之情，担负起历史的重托、民族的重任。爱国和爱党、爱社会主义是相统一的，中国共产党是爱国主义精神最坚定的弘扬者和实践者，中国特色社会主义道路是实现中华民族伟大复兴中国梦的必由之路，中国共产党是带领中国人民走中国特色社会主义道路实现中国梦的坚强领导力量，爱国和爱党、爱社会主义是高度一致的。

敬业是公民对社会的一种奉献精神，是个人在社会关系中实现个人价值与社会价值相统一所表现出的本质观念。敬业作为衡量公民个人道德的重要标尺，对新时期公民道德做出了明确规范，有助于提升公民道德素养，弘扬职业道德精神，汇聚社会主体力量，引领社会风尚。劳动是推动社会发展的根本力量，与劳动息息相关的敬业理念是人类进步的源泉和动力。恩格斯说过："劳动创造了人本身。"中华民族历来有"敬业乐群""忠于职守""天道酬勤"的传统和勤劳勇敢的传统美德。孔子主张"执事敬""事思敬""修己以敬"；北宋理学家程颐认为："所谓敬者，主之一谓敬；所谓一者，无适（心不外向）之谓一；南

① 习近平. 在纪念五四运动100周年大会上的讲话.
② 习近平. 在北京大学师生座谈会上的讲话[N]. 人民日报, 2018-05-03（002）.

宋理学家朱熹认为："敬业者，专心致志以事其业也。"习近平总书记也要求青年"崇尚劳动、尊重劳动，懂得劳动最光荣、劳动最崇高、劳动最伟大、劳动最美丽的道理，长大后能够辛勤劳动、诚实劳动、创造性劳动。"①对于我们大多数人来说，所从事的工作都是平凡而琐碎的，但我们要像雷锋那样，把有限的生命投入到无限的工作中去。要有强烈的责任心与使命感，忠于职守，克己奉公，服务人民，奉献社会。要热爱自己的本职工作，尽心尽力做好自己的事情，保持"干一行爱一行、勤一行精一行"的职业精神，脚踏实地、精益求精、刻苦钻研、开拓创新。

诚信是社会主义和谐社会建设的重要基石，是社会发展与进步的重要道德支撑，也是维系社会人际关系的基础性纽带。在中华民族传统文化中，诚信是修身之本、齐家之道、治国之法、平天下之基。孔子言："人而无信，不知其可也。"荀子主张"政令信者强，政令不信者弱"。司马光强调："夫信者，人君之大宝也。国保于民，民保于信。非信无以使民，非民无以守国。……上不信下，下不信上，上下离心，以至于败。"曾子杀猪践诺、商鞅立木为信、查道吃枣留钱、种世衡不失信于羌人，一个个一诺千金，言必行、行必果的诚信故事充分反映了诚信是中华民族的传统美德。诚信作为社会主义核心价值观的基本内容，对个人而言，是最基本的道德原则，是公民个人修养的内在必备要素；对社会而言，是衡量社会风尚的重要道德标尺之一，是促进社会整合的力量；对国家而言，是彰显国家形象的重要名片，是国家发展的软实力。因此，弘扬社会主义核心价值观，要把"诚信"作为公民道德建设的重点来抓，使全体社会成员在与他人交往过程中，信守承诺、诚恳待人、言行一致，用信誉立足于社会，杜绝欺诈隐瞒、坑蒙拐骗等失信行为；要构建并进一步完善社会信用体系，推动信用入法，为社会诚信建设立规矩、定规范；要强化信用基础建设，推动信用信息共享，加强信用信息应用；要实施信用联合惩戒，大力宣传诚信典型和曝光失信典型，对失信者进行惩罚，让"守信者一路绿灯，失信者处处受限"。

友善即友好待人、与人为善，是推动社会和谐发展的道德纽带。人是社会

---

① 习近平. 坚持中国特色社会主义教育发展道路 培养德智体美劳全面发展的社会主义建设者和接班人 [N]. 人民日报, 2018-09-11(001)

关系的产物，人的存在与发展处于各种社会关系之中，中国人将友善视为维系人际关系与社会关系的崇高道德情感，主张社会成员树立谦虚谨慎、敬老尊贤、与人为善、乐于助人、克恭克顺的待人处事态度，从而在全社会形成相互肯定、相互尊重、相互友爱、相互帮助的氛围。孔子说："礼之用，和为贵。"孟子说："君子所以异于人者，以其存心也。君子以仁存心，以礼存心"，"君子莫大乎与人为善"。晋朝的陈寿主张："勿以恶小而为之，勿以善小而不为"。习近平指出："亲仁善邻、协和万邦是中华文明一贯的处世之道。"[①]当前，我国正处于发展的重要战略机遇期，又处于社会矛盾凸显期，人们的工作压力日益增大、社会竞争日趋激烈、生活节奏越来越快，导致各种利益冲突、矛盾多发。面对这种情况，要大力倡导公民个人树立友善的道德观念，进一步提高道德水平，努力改善社会不良风气，形成良好人际关系，营造社会新风尚，构建和谐友善社会氛围，维护社会稳定发展。

树立核心价值坐标、规范公民道德是引领社会新风尚发展前进方向，在全面提高公民道德素质过程中，要弘扬社会主义真善美、传播社会主义正能量，将爱国观、敬业观、诚信观、友善观融于公民内心、外化于公民行为中，全社会携手共筑公民道德信仰支撑。

### 三、以白求恩精神提升公民道德素质

白求恩既是医务工作者学习的榜样，也是千千万万普通人学习的道德典范。学习白求恩精神、弘扬白求恩精神、践行白求恩精神是新时期规范公民道德行为、提升公民道德素养、培育社会主义新风尚、提高社会文明程度的重要抓手。

第一，以无私奉献精神提升公民道德素质。无私奉献精神是为了国家利益和人民利益舍弃个人利益的一种高贵品质，作为人类社会文明进步的重要标志，是人类最纯洁、最崇高、最伟大的精神。有人把人生的境界分为"小我""大我""忘我"三个层次。"小我"者利己，"大我"者能够做贡献但无献身精神，"忘我"者无私奉献。

---

① 习近平在亚洲文明对话大会开幕式上的主旨演讲，

八十年前，白求恩同志"捧着一颗心来，走的时候不带走半棵草"。他常常要求大家将他当作一挺机关枪来使用，无论是在硝烟弥漫的前线，还是在寒风刺骨的深夜，哪里有伤员，哪里就有白求恩的身影。他在高烧体温达到三十九度六、无法起床的情况下，依然放心不下工作，要求所有的重伤员一到，都要送到他这里来。在生命的最后时刻，他在写给翻译郎林的信中说："我为伤员们感到十分忧虑，……假如我还有一点支持的力量，我一定回到前方去，可是我已经站不起来了。"白求恩在医疗工作之余，一有空闲时间，就撰写医疗用书，在晋察冀边区一年多的时间里，他写下了二十多本著作。他还先后开办过模范医院、特种外科实习周，举办过专题讲座、巡回讲座，进行过理论与实践相结合的现场实地参观、表演，为及时、准确救治伤员，立下了汗马功劳。他将自己的生命奉献给了中国人民解放事业，无私地点亮了中国革命继续前进的道路，为筑造无私奉献的社会风尚起到了积极的引导作用。

无私奉献精神作为白求恩精神永恒的主题和本色，是白求恩留给中国人民的一笔宝贵的精神财富，是指引中国人民战胜各种艰难险阻取得伟大胜利的力量源泉。如今，在现实生活中，一些人自私自利，面对荣誉、地位、待遇、金钱和享乐抢着上，面对奉献和牺牲时绕着走，有的人甚至为了个人利益不惜牺牲党和国家、人民的利益。要大力弘扬白求恩精神，将白求恩精神汇入时代发展的洪流，树立淡泊名利、无私奉献的观念，把国家和人民利益放在首位，不计个人得失，勇于奉献，敢于担当，为实现中国梦贡献力量。

第二，以为人民服务精神提升公民道德素质。坚持全心全意为人民服务是中国共产党人不忘初心、牢记使命的鲜明表达。毛泽东在中共七大上的讲话中指出"共产党人的一切言论行动，必须以合乎最广大人民群众的最大利益，为最广大人民群众所拥护为最高标准"，[①] "人民，只有人民，才是创造世界历史的动力。"[②]明确地指明共产党人要坚决地站在人民的立场上，始终持之以恒为人民群众服务。白求恩始终坚持以"为人民服务"为价值导向，全心全意为人民服务作为一条主线始终贯穿在白求恩精神中。他说："让我们给医疗道德下个定义——不是作为医生之间职业上的一个陈规陋习，而是医学和人民之间的基本道

---

① 毛泽东选集（第3卷）[M]. 北京：人民出版社，1991：1096.
② 毛泽东选集（第3卷）[M]. 北京：人民出版社，1991：1031.

德和正义准则。"①当白求恩怀揣着为人民谋幸福、解放全人类的"初心",开始与法西斯主义斗争的征程,便逐渐在长期艰苦卓绝的抗战生涯中熔炼出伟大的白求恩精神。白求恩始终站在马克思主义群众观的立场上,将"为人民服务"视为他的职业道德所求,可以说他把毕生的精力和心血都倾注到了为人民服务当中,以满腔的热忱和自己的生命,谱写了为人民服务的壮丽诗篇。

在领导中国改革开放的历史发展中,邓小平始终对人民怀着无比热爱的感情,始终坚持人民是历史创造者的基本观点和实现人民利益的最高准则。他指出:"要坚决批评和纠正各种脱离群众、对群众疾苦不闻不问的错误。群众是我们的力量的源泉,群众路线和群众观点是我们的传家宝。"②党的十九大报告一开篇,就号召全党要"永远把人民对美好生活的向往作为奋斗目标",并成为习近平新时代中国特色社会主义思想的鲜明主题和初心本色。在我们国家,人们通过相互分工、共同劳动、互助合作,共同为建设社会主义现代化强国而奋斗,并通过按劳分配和国民收入分配,共享劳动成果。只有每个人都立足本职岗位,全心全意为人民服务,才能创造一个拥有共同理想、信念的社会,一个拥有巨大活力、创造力的社会,一个和谐、幸福的社会。

第三,以精益求精的精神提升公民道德素质。精益求精在工作上表现为一种追求卓越的坚持和执着。白求恩以科学技术为武器,以对科学技术精益求精的精神同侵害人民生命健康安全和危害民族独立的敌人展开斗争。他的一生拥有许多发明创造,他从不满足于现有的医疗器械和治疗方案,根据自己丰富的临床经验和扎实的医学基础,秉承对技术精益求精的不懈追求,不断探寻更加高明的医学疗法,追求更加精湛的医学技术,研制更加精巧的外科器械,创新更加有效的医院管理模式。白求恩对医疗技术精益求精的精神得到了毛泽东的高度赞扬,并认为"这对于一班见异思迁的人,对于一班鄙薄技术工作以为不足道、以为无出路的人,也是一个极好的教训。"

做事情做到精益求精是一种美德,对技术和质量精益求精是当今社会各行业发展的必然要求。习近平总书记强调:"中国要强盛、要复兴,就一定要大力

① 张雁灵,戴旭光.白求恩[M].北京:军事科学出版社,2003:49.

② 邓小平文选(第2卷)[M].北京:人民出版社,1994:368.

发展科学技术，努力成为世界主要科学中心和创新高地。"<sup>①</sup> 2016年的《政府工作报告》，也提出要"培育精益求精的工匠精神"。实现中华民族伟大复兴的中国梦，是我们每一个人的梦想，需要我们不断提升和发展。无论是政府、企业还是个人，都要摒弃浮躁之气，破除"差不多、过得去"的粗放思维，树立精益求精的较真精神，把精益求精、追求卓越转化为良好的习惯理念、严谨的工作流程标准、崇尚劳动的社会风尚和精益求精的敬业风气。

---

① 习近平. 在中国科学院第十九次院士大会、中国工程院第十四次院士大会上的讲话 [N]. 人民日报, 2018-05-29 (002).

# 后　记

　　本书是白求恩精神研究丛书中的一本，主要编写人员：石瑛、王飞、汪云龙。吉林大学和东北师范大学的研究生殷美玲、任源、贾永腾、邢兆华、刘春娇、何金艳、李雨航、王玉等参与撰写了初稿。